「家事レポート」は私にとって
日記のようなもの。
50年間の連載が本になり、
今は幸せでいっぱいです。

本に囲まれた「むれの会」の勉強会の部屋で。
この日、窓の外の庭には鳩が遊びに来ていた

今も棚の上には、亡夫(古谷綱武氏)の幼少時代の家族写真や、
大切な人たちの写真が飾られている

愛用の万年筆と眼鏡、原稿用紙。
この撮影のために書いた一文と共に

家事レポート50年

吉沢久子

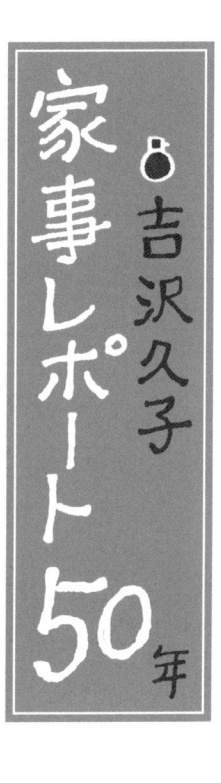

はじめに

「家事レポート」は私にとって、日記のような存在です。暮らしの中で何かあると、これは書けるかな、どういうふうに書こうかななどと考え、自分の中にいつも同居しているような感じです。そういうものがあると、張り合いになりますし、ものを見る目も違ってきます。

50年だなんて、びっくりです。あっという間でした。読者の皆さんからもお手紙などをいただくことが多く、いろいろなことを教えていただきました。新潟に親戚や知人がいたわけではなかったのに、今や親戚のような存在です。

長いご縁のきっかけは、新潟日報の女性記者だった石川宮子さん（故人）との出会いです。戦後間もないころ、古谷（夫で文芸評論家の古谷綱武氏）のところに原稿の依頼に来られ、その後、夫婦ともども親しくなりました。新潟日報には古谷が先に、「新潟遠望」の連載を書くようになり、宮さんから「吉沢さんも書かない？」と勧められたのです。

1967（昭和42）年。50年前は私自身、働き盛りの年代でしたし、日本の上昇期、変化の時期でもありました。家事って、考えると案外大変なものなのです。それを男の人は「家事なんて」と言います。それが嫌で、最初のころは何とか生活の中で認めてほしいという思いがありました。

それが、もうじき100歳です。体の方はだんだんと利かなくなってきましたが、姪や付き合いの長い友達が皆さん、ありがたいことに来てくれます。古谷は生前よく、「社会がうちに来てくれるような雰囲気をつくっておかないといけないよ」と言っていましたが、その通りです。年を取るって怖いことではありません。人生は楽しまなければ損です。自分の中で、人生の下り坂の風景をどうつくっていくか、ということなのでしょう。

本当に、こんなにも長く「家事レポート」にお付き合いいただいて幸せです。さらに今回、このような書籍の形になり、とてもうれしく思っています。

2017年夏　　東京都杉並区の自宅にて　吉沢久子

目次

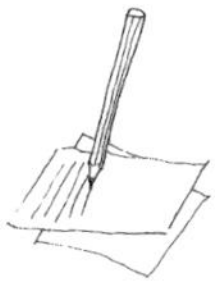

3章 1980年代

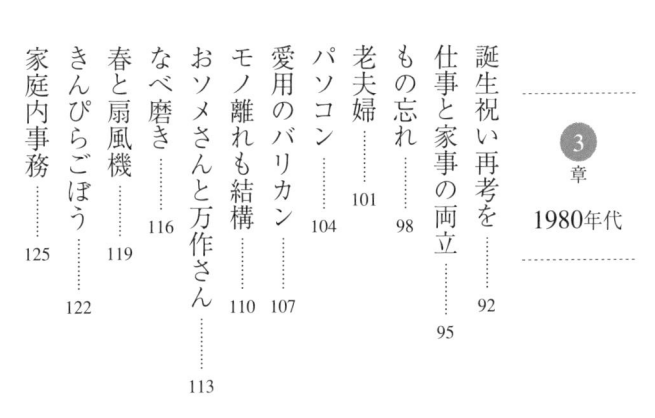

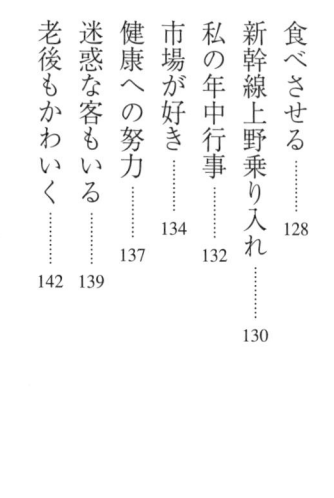

4章 1990年代

5章 2000年代

6章 2010年代

編　集　間仁田 眞澄（プレッセ プレッセ）
編集協力　石原 亜矢子（新潟日報社）
デザイン　梨本 優子
カバーイラスト　荒井 晴美
写　真　星野 謙一

1
一九六〇年代

昭和42年〜昭和44年

※第一回目は1967年3月14日

電波で料理をする

（1967年3月14日）

東京のデパートに家庭用「電子レンジ」（※）が並びはじめてから数カ月。二十九万八千円という大型と、十九万八千円の小型が並んでいるが「売れ行きは？」と店員さんにきいてみると「小さいほうがポツポツですね」という返事。じいっと見つめながら「電子レンジというと、電子の力であたためるということかしら。でも、使っていると、ビリっとくるようなことないのかしらねェ」とつぶやくお客さん。現在では最先端の調理器具といわれる電子レンジへの認識は、東京も地方もなく、まずはこういったところ。この電子レンジにはマグネトロンが内蔵されていて、ここから二四五〇メガ《サイ》《クル》のマイクロウエーブが発射され、それが食物に吸収されると、食品を構成する分子に、一秒間二億五千万回のまさつ運動を起こさせる。そのまさつ熱が水分に伝わるために、たべものは自分で内側も外側もいっぺんに熱くなってしまうというしだい。しかも、その熱くなり方は秒速で、電波はセトモノやガラス、紙、プラスチックなど、通りぬけ自由、というわけで、たとえば、茶わんに入れてふたをした冷やめしが、ほんの一分か二分で、あつあつのおいしいごはんになり、このレンジでおかんした酒は、一級酒が特級の味になる、という電波のもたらす不思議な効果もある。わが家で実験ずみ。

今のところ、東京でも、料理屋さんやパン屋さんなどに新兵器として利用されている場合が多い。電機メーカーの新潟地区サービスステーションを通じて、こうした新製品をテストする会など、婦人会で企画してはいかが？　新しいものを知る権利は大いに主張したい。

（※）ターンテーブル式家庭用電子レンジの発売は１９６６年から

主婦のきらいな仕事

（1967年3月28日）

ある婦人雑誌が、主婦たちに、きらいな家事は何かという質問を出した。集まったたくさんの答えを整理してみると「きらい」の筆頭にあがったのが食事づくり。つづいて、あとかたづけ、トイレの掃除、ふろ場掃除、アイロンかけ、つくろいもの、庭掃除、ふとんほし、押し売りのげきたい——こういった順に並んだ。

なんのことはない、これでは主婦業のすべてが「きらい」なのではないかと、それを見せつけられたときはすぐそう思った。

しかし、考えてみれば「しなければならない」という義務感に結びつけば、なんでも気が重い。会社勤めのだんなさま方に、毎日の生活の中での一番いやなことは何かとアンケートをしたら

「朝起こされること」

「出勤」

「会社勤め」

などの答えがならぶにちがいない。

編集部から、きらいな主婦たちが、それではどうしたらよいのかときかれた私は、全く困ってしまった。

たとえば「きらい」の筆頭になった食事づくりも、毎日きまった予算では、料理にとりくむ意欲も薄れよう。たまには三日分くらいの予算で豪華な食卓をつくり、変化をつけるくふうしかないのではなかろうかと私は答えた。

ほんとうに、毎日のこととなると、おいしいものをたべさせたいという家族への愛情はあっても、めんどうになる気持ちは私にもある。家事こそきれいごとではないのだから。

わが家のしきたりと他人の知恵

（1967年4月11日）

家庭での果実酒づくり（※）が正式に許可されて四年、このごろは、果実酒づくりを、季節の家事に組み込んでいる主婦も多いようである。

私もその一人。今は苺《いちご》酒と夏みかん酒を作っているが、毎年、少しずつ自分なりに味を研究しては、よりおいしいものを作ろうと考えている。

昨年は、みかん酒にチョウジの実をほんの少し加えて作ってみたら、ただみかんと砂糖とリカーだけよりはかおりがよかった。これはきんかんを煮るときに、かおりとして加える習慣からの思いつきであった。さらにことしは、でき上ったみかん酒にオレンジエッセンス少量を加えてねかしておく。飲むときはオン・ザ・ロックにして、ネーブルオレンジの表皮をそいで浮かせることをおぼえた。これは一層おいしい。

こんなことを、ラジオで話したり、新聞や雑誌に書くせいか、私は、よく未知の方からの電話を受けておどろく。

「夏みかんのお酒が苦くて飲めないんですよ。苦みを消すのはどうするんですか」

「苺酒を作ろうと思って、安いのをたくさん買ってしまったんですが、お砂糖の分量を忘れちゃったんですよ。大至急教えてくださいな」

留守に電話で、返事をくれというのもある。私は割りきれない気持ちになる。なぜ私が電話をかけなければいけないのだろうか、と。

すべて家事には「わが家のしきたり」をもって、そのうえに他人の知恵を加えるべきではないのだろうか。

（※）1962年4月1日に家庭での梅酒作りが解禁。翌年にみかん、すもも、いちご、しそ等、1971年6月1日にブドウ・穀物を除いて全面解禁となった

整理

（1967年8月29日）

このところ、整理に関する原稿をよくたのまれる。台所の整理、書類の整理、はてはつきあいの整理ということまで考えてみようというわけなのである。

整理というのは、本当にむずかしい。

私自身、整理がへたなので、いつも夫から文句をいわれる。だから整理には関心が深い。

「仮置きをするな、決まった場所にもっていって置けば一度ですむじゃないか」

一日に一度や二度はどなられる。物をどこに置くかで、散らかって見えたり、整とんされて見えたりするということとはちがい、決まった置き場所に置くというのが整理だと百も承知なのだが、なかなかその通りにいかない。

クリーニング屋さんがきて、洗濯ものを受け取ったとたんに電話のベルがなり、そこへかけだしていく、と、つい洗濯ものをそのへんにほうりだしたままで、電話の用件からすぐしておかなければならないメモをしているうちに、もう、洗濯ものは忘れてしまう。こんなとき、置きっぱなしの忘れ物を夫に見つかって叱られると、全くつらい思いがする。こういうときに「忘れる」のは、自分の計画で動いているのではないためである。朝起きれば何をおいても、新聞をひらくのが当然の夫と、まず雨戸をあけ、食事のしたくをしなければと思う夫と妻のちがいを、夫と同じように仕事を持つ私は、しみじみと感じる。

しかし、それだからこそ整理の必要を思う。整理のためには物は少なくもつほどよいという原則を、女はなかなか守れない。まず、物への欲望を整理することから、すべての整理ははじまるようだ。

このごろ、マスコミがよくとりあげる「整理」というテーマは、ゆたかさのための暮らしの複雑さを反映してのことなのだろうか。

しょせんは個人的成果

（1967年11月7日）

長年、共かせぎをつづけていた私の友だちが、はじめて子どもを生むことになり、家庭だけの生活にはいった。ついこの間のことと思っていたが、先日、ある会合で会ったとき

「もう、家にはいって一年になるわ」

と、しみじみした口調で話していた。退職、出産、母親としての生活のはじまり、と、大きな生活の変化を体験したこの一年は、友だちにとってさぞ短く感じたであろうと思ってきいてみた私は、意外な返事にとまどった。

「長々と感じた一年だったわ。子どもを持つならばと、迷いもなく私は仕事をやめたけれど、家庭の中だけの生活というのは、かえって気持ちが散っていけないものね。それに、夫に対しても、働いているときのほうがずっと気がねしていたし、

こまかい心づかいもできたけれど、家事専従になったら、かえってデンと落ち着いて大いばりになってしまったわ。これは子どもができたこととは関係ないの。私は、子どもが生まれたのを機会に、家庭生活をせいぜいていねいにしてみたいと思っていたのだけれど、家事ってものは、身をいれればいれるほど面白くなるという仕事ではないわね」

こういうのである。

私も、それを否定できなかった。

一心になって何かを創《つく》りあげても、家事はきわめて個人的な成果であると友だちはいいたいのである。私は、その友だちの気持こそ大切であることを痛感している。何につけても一生活者としての体験から安心しきった結論を、あまりにも早く出しすぎるのが私たち主婦というものではないだろうかと考えているからである。そして、その半面には、世間を意識しすぎて自由を失ってもいるからである。

身についた躾

（1967年11月14日）

うちのおばあちゃんは八十一歳。意欲的に生きている若々しい姿は、私には、姑《しゅうとめ》という感じより女としての先輩というほうがぴったりとする。

嫁という意識の全くない私は、ふだんはあまりおばあちゃんの世話もやかないが、年に二回だけ、おばあちゃんが開くクラス会の裏方をひきうけて、ごちそう作りをするのである。

今年も、文化の日に秋のクラス会があった。

私は、手持ちのものの中で一番よいテーブルクロスやナプキンを出し、中華料理の一卓を三日がかりで用意した。みなさんから喜ばれることへのたのしさは何にもまして私にも意欲を起こさせてくれる。

会が終わって、あと片づけをしているとき、私ははっとした。

純白のテーブルクロスに一点のよごれもないのである。これは今年はじめて気づいたことであった。

目のわるい方もいるし、手もとが不自由な方もいるのに、このテーブルのきれいさは、なんと見事な訓練の結果であろうかと、深い感銘を受けたのである。

八十歳といえば、むかしの躾《しつけ》を身にきざみつけてきた人である。

むかしふうの躾のよしあしを批評することもよいが、それを身にきざみつけている人の立派さを見落としてはならないと、しみじみ考えさせられたことである。

主婦の忍耐は悪徳

（1968年4月2日）

建築家の先生方と仕事のことでお話をする機会があった。たまたま、一人の先生が

「いま、女房が外国旅行にいってまして、私が台所仕事をしたり、そうじをしたりしているのですが、女は、どうしてこうも不自由さに対して忍耐づよいのかと感心するところが多いですね。たとえば、掃除道具の置き場にしても、ここにひとつのたながあれば住居用の洗剤はまとまってしまうと思うのに、長い間あちこちに洗剤を散らばしてある。台所にしても、ちょっとした設備で買える便利さはいっぱいあるのに気がつかないんですね。いや、こういう忍耐というのは決して美徳じゃない。むしろ、生活の合理化をはばむ悪徳ともいえるんじゃないですか」

そんな話をされた。女は私だけだったので、

「女がその悪徳を反省すると、世のご主人方は日曜大工学校にでも入学しなければならなくなりますよ」

といったら

「いや、私も、ここにたなをつれとか窓をあけろといわれたらおそろしいから、女房には絶対にいいませんよ」

と大笑いされた。

たなや窓ならば、まあ、こういうことになるのだと思うが、しかし、この「忍耐の悪徳」については、私たちが、もう一度よく考えてよい問題が含まれてはいないだろうか。家の中の物の置き場所ひとつ、あるいは主婦のためにも、最小限必要な事務用品の設備、ひいては家族間の人間関係にいたるまで、「私さえがまんすれば」という女の美徳とされてきたことでうやむやにされている問題があまりにも多すぎると私は思うのである。

赤いセーター

（1968年9月27日）

五十歳になった記念に、私は、朱色のセーターを買った。この年になるまで私は、赤もオレンジも黄色も着たことがなかった。いくらうぬぼれてみても、十人並みとは言えない顔で、寸づまりの体格では、服装は人の目につかないように、できるだけ目立たないものでなければいけないと信じてきたのである。

むかし風にいえば人生五十年で、もう、顔にも姿にもこだわるほうがみっともない年齢だと思ったとき、よし、これからは、せいぜい明るい色のものを身にまとおうと考えた。ひとつには、それが自分の気持ちにあたえる影響を思ったからでもある。

若い人たちのすることなすことに、もう少しこうできないものか、なぜこういうことに気がつかないのだろうかと、年をとらなければ感じないことを思う日が多くなってきた自分を感じると、そのうえに「私なんか若いときから赤いものも着たことがない」という、若い人の特権の自由な身なりにまで一種のひがみでももつようになったら、全くいやらしいばあさんになるのではないかと考えた。

家のなかで、あるいは遊びに出かけるとき、私は、年齢に居なおっても赤いセーターを着る。

不思議なことに、そういう色を着ることで明るい気持ちになる。はじめて知った、人はどう言おうと、私はこれをえらんだというさっぱりした気分である。

くらし方もそうである。何かをえらび出してそれを自分の生活の中心におき、人並みであることばかりをもとめなくてもよいのではないか。世の中に決定的な間違いというものはそれほど多くはない。家事運営にしたって、わが道をゆくことを考えたいと思う。

けいこごとと実用

（1969年3月14日）

茶の湯のけいこをもう五年続けているというお嬢さんが尋ねてきた。私の家は、お客さんでもよく台所にはいって食事のしたくを手伝ってもらったりするので、遊びに来ていたそのお嬢さんに「お茶を飲みましょう。私は羊かんでも切りますから、あなたお茶を入れてね」とごくふつうの緑茶をいれてもらった。ところが、このお茶が、なんともいえないお茶であった。ただ色がついているだけで、かおりも味もない。茶わんに入れた量がまた、ほどのよさをはるかに過ぎて、全部を飲むには骨が折れる。何よりも、お茶をいれるということに訓練のない人が入れたお茶なのである。

お茶をやっている人ときいて、私はそのお嬢さんが、ふつうのお茶をいれるのにも細かい心づかいをもっているに違いないと早合点してしまったのだが、それは間違いであることに改めて気が付いた。

お嬢さんにとって茶の湯は「おけいこごと」であり、日常生活とは無関係にお手前の順序を覚えるのが大切なのであろう。茶の湯のこころまでは、その先生もまた教える力がないのかもしれない。今のおけいこごとには、どうもその傾向があるようだ。

例はほかにもある。料理学校は栄え、マスコミ料理はこれだけ各家庭に浸透しているのに、主婦たちの家事の悩みの大きなものの一つが「今晩のおかずを考えること」だというのも、同じことではなかろうか。

個人を責めたり悪口を言うのではない。こうした世の中の傾向に対して、私たちは、それが自分の家庭にどう反映しているか、そしてどう考えなければならないかに目をすえなければいけないのだと思う。

安い23枚のふきん

（1969年4月18日）

このごろわが家のふきんは、さらしもめんに落ち着いた。やはりこれが一番いい。

私は、ずいぶんさまざまなふきんを使ってきた。おしぼりタオル、麻ふきん、赤ちゃんのおむつ用につくられた大型ガーゼの二枚重ねやアヤ織りの四角い布（もちろん新しいものだが）、市販のふきんも混紡ものやメッシュ等々、あれこれと使ってみて、結局また、純白のさらしもめんにかえったのである。

花もようのパイルふきんも使って楽しかったし、野菜やくだものをプリントした大きな麻の洋ふきんもよかった。それをかけておくことで台所が明るい感じがした。

けれども、ふきんは台所にかけておくのが目的ではなく、さらや茶わんをふくだけでもない。むし器にかけたり敷いたり、おはぎのアンをつけるとか、オムレツの形を整えたり、もみのりを作ったり、玉ねぎのみじんをさらしたり、少量の果汁をしぼるなど。それには大型では使いにくいこともあり、地質もさらしもめんにまさるものはない。そして漂白も煮洗いも気楽にできるのが何よりである。

安いさらしは一反二百六十円、高いものでも三百五十円、これで三十五《チセン》くらいの長さのものが二十三枚とれる。しかも、ふきんには安いもののほうが使いやすい。どんなにぜいたくに使っても二カ月はもつ。私の姪《めい》の家では、三人家族でさらし一反分でとるふきんが二年はもつという。私の家では漂白剤によく浸すので早く破れてしまうが、それにしても安いものである。

両はしを縫って作り上げた二十三枚のふきんを前に、実に豊かな気持ちである。

失敗のない貧しさ

（1969年9月5日）

消費者である家庭の奥さま方に、企業が新製品を発表する前に、テスト依頼をすることが、このごろとみに盛んになってきた。

そういうテストをやっている奥さま方のグループと話し合う機会があった。実は私もよくこの種のテストを頼まれるが、これはなかなかむずかしい仕事だと思っている。それで、商品テストグループの奥さま方に、いままでの経験から、何か失敗した例はなかっただろうかと、聞いてみた。

たとえば私は、ふろのお湯を早くわかすこととさめないようにするためのプラスチック製シートのテストを頼まれたとき、大失敗をした。シートはいわば落しぶたのようなもの。二人三人とつぎつぎ入浴する場合に、このシートで湯面をおおっておくと確かにさめにくい。

さて、わが家のふろは循環式外がまだが、いったんわかし終えたあと、この循環するお湯のさめるのを防ぐ方法はないものか、と考え、あの熱い湯がかまから湯舟にはいってくるわき口をふさぎ、このシートを使ってみた。そしてシートを使った場合と使わない場合のさめ加減を計ってみたりした。

われながらうまいことを考えたと得意であったが、つい、われにもあらず、ふさいだものをはずすのを忘れてしまって、お湯をわかしたものである。かまのお湯だけが煮えくりかえり、飛び上がらんばかりに驚いた経験がある。

一生懸命でやればやるほど、ときに、とんちんかんなことをすることもあるのがしろうとのテストであり、それが大切なところであると私は思っていた。そういうことが市場に出る商品をより完全なものにしたり、テスターのした失敗は二度と繰り返さないように、注意事項が使用説明書に加えられることを要求しなければならないのではないだろうかと話したのである。

同感してくれた方もあったが、数人のひとは「さあ、そんな失敗したことないわ」と不思議な顔をした。

それは立派なことだと思った。そしてなぜ失敗しなかったのだろうかと、私の方が教えてもらいたくていろいろ聞いてみたが、だんだんわかってきたのは、ひとつの商品をテストするにも、頼まれた範囲のことだけは忠実にするが、それ以外はまことに無関心なために、失敗しようにもする理由がないということであった。

私は考えさせられた。人の生き方として、それは無難な方法であるが、なにか、もうひとつ、人間の味わいみたいなものがほしいと思った。劣等生の負けおしみかもしれないが、失敗したことのないひとの、悩みのなさには、なんとなく豊かさが感じられない。

家事に対する態度にも、失敗を二度繰り返すのはおろかだとしても、失敗をしてもいいから試みる積極性がいつもほしいと思う。

家事の中からも

（1969年9月26日）

私の住まいは一部がプレハブ、一部は木造のトタン屋根で、先に建てた木造の部分は、やがて二十年目を迎える歳月を経ている。まだ一度も雨もりしないトタン屋根は、三年おきくらいにペンキを塗りかえているせいかもしれない。

住居というものは、常に先手をとって手当をしてくべきだと建築の先生から教えられて、私はそれを守ってきた。おかげさまで、掃除はいきとどかないながらも家が壊れて困るということなく住んでいる。

戦後間もなく建てた家は、とくに材料もよいものがなかったし、わが家の経済では「超ローコスト・ハウス」と、設計を引き受けていただいた浜口ミホさんに笑われたほど、建築費を切りつめなければならなかった。

屋根の塗り替えをしなければならないこととし、カーテンも新調を迫られる時期にきた。せっかく屋根を塗り替え、カーテンを新調するなら窓わくも塗り替え、外回りもきれいにしたいと思いながら、私は考えこんでいる。その心づもりをして三年前からたくわえてきたお金では、とても間に合わないのが最近の物価高である。それればかりではなく、日常の出費についても、政府の見込んだこととしの消費者物価上昇率五%は、七月現在ですでに七%になっているという。

他の動物と違う人間らしい生き方とは、自分で計画をたてて暮らすところにあると私は信じているが、たとえば自分の住まいを大切に長持ちさせようとするわが家に合わせた計画にも、自ら「待った」をかけなければならないことは、健康な生活といえるのだろうか。

ペンキ塗りやカーテンの新調くらいでそんなことを思うのは、ぜいたくだという人がいるかもしれない。私も一度はそう考えた。けれども、そういうことを、きょう食べるものをどうするかということと同じように考えていくのが、「大国」であり「文化国家」だと日本をいう政府の考えるべきことではなかろうかと私は思った。

経済成長がだれのためのものなのかを、私たちは、日常の家事の中でも、いつも考えていく必要があると思う。

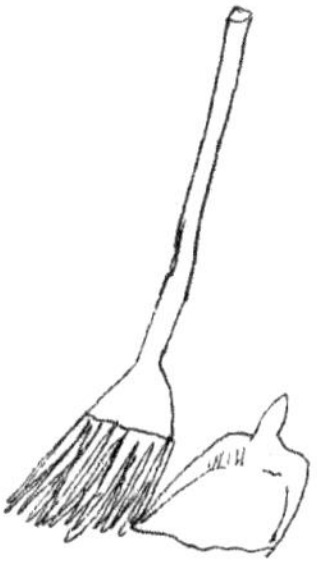

年末おぼえ書き

（1969年12月25日）

毎年のことながら、年の瀬とはなぜこうも気ぜわしくなるのかと考える。わが家では特に年末にまとめてする家事もないようにしているのだがやはりまわりの影響をうける。雑誌などの仕事のほうが来年の三月ころまでを暮れのうちに仕上げておかなければならない場合が多いせいもある。それも一応やり上げて、あますところあと一週間というころになって、やっと正月の準備に心が向くのが例年のしきたりである。

私は、正月用品よりも常備品買い物のメモを作る。必需品の手持ちの具合を点検するわけである。正月にトイレの電球が切れて、予備を買っておかなかったのを後悔した経験があるので、こんなものも忘れずに買いおきする。常備薬の整備、ちり紙、ハミガキ、切手、ハガキ、インクなどが当分間に合うかどうか。紅茶や緑茶の用意はよいのかと、ひとつひとつを点検してみると、容器のいたみが目についたり、ハブラシも元日からは新しいものに替えようと思ったりする。

　大きな買い物は外出のたびについで仕事としてすませておくが、小さなものは近所での買いまわり品としてあとに残すため、最後になって「しまった、忘れた」ということになりがちである。

　何年家事をしていても、あまりにあたりまえなことは、つい忘れてしまう。当然覚えているはず、と、自信をもってメモをしないでおくと、とくに忘れやすい。慣れにおぼれて自信過剰になると、結局は家族に迷惑をかけることになる。

　買い物だけではない。慣れきったわが家の表札などは、改めて見ることもないので、年末には、わが家へ意地の悪いお客になったつもりで、玄関の戸口からじろじろあら捜しの目で見回してみたい。年に一度、家事への自分の自信過剰を反省する意味でも大切なことだと私は思う。

2

一九七〇年代

昭和45年～昭和54年

習うしあわせ

（1970年1月22日）

ことしから、月に一回だけだが、お菓子づくりの研究会に出ることにした。家庭婦人の趣味から出発して、海外や日本の専門店にはいって働きながらお菓子づくりをみっちり学び、今は一流店のご主人方もその腕前に尊敬の目をもってみているという人を先生に得ている研究会で、欠員があったときに参加させてもらいたいと、私は前々から頼んでいたが、やっとその願いがかなえられた。

先日、第一回の会に出て、初対面の先生から、お菓子づくりの基本の話から、実際の手さばきを見せていただいたり、その味をためさせていただいたりして、長い間、自分で工夫しただけではどうしてもうまくいかなかったことが、いっぺんにわかってしまったところもあった。

人にものを教えてもらえるというすばらしい幸福は、こちらにそれを受けとめる下地がないときにはいっこうにわからないものである。よく、学校で習ったはずの家事の知識や、料理学校で覚えたはずの技術が、実生活に役に立たないという話を聞くのも、教えてもらう側に、吸いとる意欲がないからでもあろう。

その意味では、本当の勉強は、自分が知りたいものをもってからだということも、よくわかった。それにしても、教えてもらうということのすばらしさを私は思った。同時に、何かを身につけるためには、習ったことを人に教えるか、それを仕事として生きるきびしい姿勢をもたなければならないということも考えた。

奥さまや、お嬢さまのお遊び芸は、いやになったらやめればいい。そのかわり、何も残らない。手をつけたからには、何であれ自分の生きがいにまでつながるものにすべきである。

私は、自分が得たお菓子の先生の生きる態度から、お菓子づくり以外にも、多くのことを教えてもらえるしあわせを思っている。

わびしい頭の老化

（１９７０年2月19日）

つい先日、仕事で、東畑精一先生をおたずねしてお話を聞く機会を得た。豊富なお話に、私は、いくつか用意していった質問を、つい忘れて、ただ聞き入ってしまったが、その中で、ギョッとさせられたことがあった。

「日本人は西洋人よりどうも頭の老化が早いと思いますね。実に早くがんこになる。これは東南アジアなどで日本人がきらわれることとも関係がある。日本人は貧乏に対しては強くて、貧乏だからといってみっともない暮らし方はしないが、ゆとりができたときの暮らし方はまずい。頭の早い老化も、一般教養の不足からくるものと考えていいと思いますよ。それがあらゆるところに出るんですね。ゆとりができたときの暮らし方を考えなければならない」

農政のお話や世界の農業のお話などをうかがっていたので、東南アジアの話が突然はいってきたのだが、私は、まさに自分のことをいわれているようで聞いていて辛い思いになった。

私なども、貧乏には強いと思っているが、しかし貧乏は恐ろしい。財産もなく、借金もないかわり自由業であるために自分が働く以外は何の保証もない。生活の幅を広げてしまえばせばめることは容易ではない。自分の暮らしは人に迷惑をかけぬように、一生自分でまかなっていかなければならない。

生身のからだには、いつ、どんなことがあるかわからない、そのときにも、だれもたよってはならない、と常に自分にいい聞かせていると、やはりあくせくときょうのことに追われる。年々物価の上昇は、一層その気持ちに落ち着きを失わせる。

その日その日の雑用にだけ追われて、頭が老化してしまった女が、まわりの人にきらわれて過ごす生涯のわびしさは、思っただけでもやりきれない。

家事に育児にと、懸命に働きつくし、老年期には「がんこ婆」といわれて家族中のきらわれものになって死んでいった老女の幾人かを私は知っている。

考えれば考えるほどむずかしいことだが、避けて通ってはならない問題だと思う。

山菜

（1971年6月17日）

「入広瀬のかあちゃんが待っていましたよ。まだ少しは山菜もあるらしいし、また、みんなでいきましょうや」

交通新聞の渡辺公平さんからの電話で、ことしはもう時期を逸してしまったかと思っていた入広瀬行きを、にわかに計画して旅行のための日をとった。六月なかばの土、日曜にと。

昨年、山菜のころにたずねてみようとの渡辺さんのおさそいで、ちょうど同じ日に十数人ではじめて入広瀬に行った。駅前の松屋旅館に泊まり、宿の奥さんの好意で山菜ばかりの夕食を心ゆくまでたのしみ、ついでに山菜の料理のしかたもくわしく教えてもらった。そして翌日は山菜をとりに山へも案内していただいた。

このごろは山菜ブームとやらで東京のデパートにもいろいろな山菜のたぐいが、

季節の山のかおりをただよわせて並ぶようになった。しかし、たべ方を知らないために、手にとってはみるが買わずに帰る客も多いのを私はよく見ている。つい先日も、新宿のデパートで山うどやうるい、みず、山ひじきなどを見かけて私が買うと、待っていたように数人の奥さん方がそばへ寄ってきた。「これ、どうやってたべるんですか」「主人が好きなんですが、たべ方がわからないのでどうしようかと思っていたんですよ」と、いっぺんに声をかけられた。そのご主人は、ふるさとの山や川とともに山菜を思い出すのかもしれないと、私はふっと思った。

私にとっての入広瀬は、昨年はじめて見た土地なのだが、そして一泊二日だけのみじかい時間しかいなかったのだが、山菜とのつながりでは私にとっても最も縁の深い土地になったことをことしふたたびたずねてみて感じた。

たべたことはあっても、みずはどんな地形のところに生《は》えているのか、あけびの芽はどんな場所にはいったら見つかるのか、全くわからなかった私が、昨年の経験で、ことしは山をあるきながら「ここをさがしてみよう」と思う当てができているのである。土地とのしたしみは、そういう具体的なところからできていくものではなかろうか。

けれども、人とのつながりは、それ以上にしたしみをもたせる。一泊しただけの客である私たちが、「来年もまたこの季節にきたい」といったのを、ていねいに記憶にとどめて、心まちにしてくれていた宿の奥さんがいたことは私たちを感激させた。たずねてみれば、ことしはどのへんに案内しようかと商売をはなれていろいろ計画してくれていたのである。

土地へのしたしみ、人とのつながり、それをていねいに考えることの大切さをしみじみ考えさせられた新潟の旅であった。

中学生の会話

（1971年12月2日）

電車の中で雑誌をよんでいたら、となりにまだ子供っぽい男の子と声変わりしたばかりの感じの男の子が乗ってきて、話のつづきらしくこんなことをいっていた。

「だけどさあ、カッコわるいじゃないか、うちのオフクロさんはこんど買ったら長いくさりで定期券を首からぶらさげておけっていうんだぜ」

「しかたないさ。おまえ、今学期になってそれで三度目じゃないか、オフクロさんが頭にくるのもムリないよ」

「だけどさ、オレ、おかしいと思うよ、ポケットに穴もあいていないんだぜ、それがどうして落ちたんかな」

「それよか、おまえ、うちへ帰ったらさ、なんていうんだよ。さがしてみたけど学校にも駅にもなかったっていうのか？　それよりさ、ママ、ごめんなさい、こんどこそ気をつけますからって、甘ったれちゃえよ。オフクロさんて、甘ったれると案外デレデレしちゃうぞ。オレはね、何か買わせようと思ったら、おかあさま、おねがいしますって肩たたいちゃうんだ。おまえもやってみろよ」

「テレるなあ」

「五分か十分の忍耐じゃねえか、定期券なくしたのはおまえなんだぞ」

ことばに多少のちがいはあろうが、あんまり面白くて私は雑誌なんか読んでいられなかった。コートのポケットからエンピツをとりだして、ちょっとその会話をメモしておいたのである。

顔をみると実にかわいい。中学一年生か二年生であろうと思われるその二人の男の子が、いかにして親からお金を引き出すかを研究している姿は、ぜひその年齢の子をもつ親たちに見せたいと思ったほど、いきいきとしているのである。

通学定期を一学期に三度もなくされては、たまらない。といって買ってやらないわけにもいかないし、まあ、それほど多額のお金でもないのだから、これを機会に、落としものをよくすることについてしかっておこうというくらいの家庭の事情が、その中学生たちの姿から私には察せられた。子供は、そういう親の気持ちを十二分に知っているのである。甘えたり、しかったりしてやろうと待ちかまえている親をつい笑わせてはぐらかしてしまう手を使うというのは、そのためであろう。

「全く、親とのつきあいは苦労が多いよ」

といっていた中学生に、ひそかに吹き出してしまったが、空想では私には考えつかない会話であった。

横井庄一さんのこと

（1972年2月3日）

横井庄一さんのこと（※）は、私たち日本人のだれにとっても、あらためて戦争というもののむごたらしさと、心身にたたきこまれた教育というものの生活を支配する力について、深く深く考えさせられるものがあったと思う。

それは、もっともっと、みんなで語り合い、考え合っていくべきことであろう。ここでは私が感銘をうけた「家事とのかかわり合い」の面で、感じたことの一端を書いてみたいと思った。

新聞に出ていた写真で、私はまず、横井さんの所帯道具の多さにおどろいた。くつ下型のほら穴の奥にしつらえられた棚の見事さや、きちんと巻き上げられた木の実のせんいで作ったというロープ、水筒を切って作ったナベのふちが、ていねいにみがきあげられているということ、ボタンホールやステッチのある自然のせんいで作った手製の洋服、写真で見ただけではよくわからないのだが、出刃包丁のように見える刃物の使い勝手のよさそうな形など、ひとつ、ひとつ、私は胸をうたれてその写真を見つめた。

それらの品ものは、ジャングル生活中の横井さんにとっての「生きているしるし」であったにちがいない。だれに見せるものでもなく、むしろ、人の目に絶対ふれてはならない、たった一人の住まいの中に置く生活の道具に、横井さんの心は、何を願っていたのかは知るよしもないが、そのひとつ、ひとつの道具を、作って、美しく、きちんと整えていた横井さんの生きる姿勢に私は参ってしまった。

人の目にふれるものではないと思えば、家事の中でも手をぬくことは多い。不自由を感じて「ここに棚がひとつあれば」と考えながら、自分にはできないときめこんで、不自由さに文句をいいつづけることも私たちはしがちである。ナベはきたなくなるものという思い方で、よごれたナベをみがきあげて使うことに無意味を感じる面もある。それらは、ごくふつうの世の中にくらしていれば、もっと別な生き方があるのではないかと、広い世界をあこがれることでもあろうし、自分の力を、もっとすばらしいところで発揮したいと願うことであるかもしれない。それを私は否定するわけではないのだが、横井さんという人の、だれもいない自分だけのかくれ家の中でのくらしを考えると、最も基本的な生きる姿勢というものを教えられた思いがするのである。

そこに、そのまま人の目にふれずに死んでいくのかもしれないところで、確実な何かを待つあてがあるわけでもなく、生きていく日々に横井さんが、ささやかなものを美しくみがき上げたり、形を整えたりする精神を失わなかったことの意味を、私は、これからよく考えてみようと思う。

限りないくり返しといわれる家事の意味を、もう一度自分に問いなおしてみることも大切ではないかと思ったのである。

（※）横井庄一さんは戦争終結28年目の1972年1月24日にグアム島で発見された残留日本兵。同年2月2日に日本に帰還し一大ニュースとなった

TVバーゲン

（1972年6月15日）

最近話題になっているTVバーゲンというのをご存じだろうか。その番組に出演してみて驚いた。実はそれまで、私は、話にはきいていたがそのテレビ番組を見たことがなかった。

スタジオの一ぐうに設けられたオペレーターの席には、バーゲン商品の紹介がはじまったとたん、ひっきりなしに電話がはいる。テレビを通していま見た商品を、すぐ買おうという申し込みなのである。バーゲン会場のむせ返るような熱気の中で品選びをするのではないから、冷静な判断で買う気になった「買い得品」なのかもしれないし、赤ちゃん連れでなければ買い物に出られない事情ならば、わが家の茶の間でできる注文買いもわるいとはいえない。しかし、TVバーゲンは現物を見ないで買うという限界のあることは、よく心得ておかなければならないと思う。

ふつう買い物をする手順として、私たちはまず、自分の必要とするものが何なのかをきめ、その予算もたてる。そして実物を見てから買うか買わないかをきめる。ときには、買うつもりになってからも、さらに別の店で同種の品物を二、三みてから、やはり先に見たものの方がよかったと、はじめて踏みきる場合も多い。TVバーゲンは、たまたま画面に出てきた品物に購買欲をそそられるのだから、どちらかといえば、何となく欲しいと思っていた潜在欲望の火をかきたてられて買う気を燃やす結果になりやすい。買う決心をするのはあとになるほどいいのである。TVバーゲンに品物を出す店は商売として出しているのだから、消費者は、その番組を茶の間に居ながらのウインドーショッピングと考えても一向にさしつかえないのである。

買いたいものがあったら、あせらずに自分に問うてみたい。つねづね欲しかったものにめぐりあったのか、それとも、必要だけれども金額の点で見合わせていたものが、これなら買えると見きわめがついたのかと。

とにかく、ほしいものより「必要」なものを優先させなければならないのが買い物の健康なルールである。

この夏のボーナスは、伸び率でこそダウンはあっても、額では依然史上最高といわれている。手にするまでが楽しいボーナスを、本当に生かして使うためにも、買い物への姿勢はよほどしっかりとさせておかないと、結局、うやむやにお金の消えてしまった嘆きしか残らないということにもなりかねない。

貯金したって利子が下がる。物価は上がるし、それなら物にかえておいたほうが得だという空気の濃いこのごろの暮らしに、TVバーゲンはぴたりと当たった企画だったのである。しかし、これが当たったということに、私達の消費態度が反映している事実もよく考えてみなければならない。

一ドル女房論

（1972年8月10日）

「一ドル入れると奥さんが出てくる自動販売機はないものかな」…独身男性。
「奥さんを入れると一ドル出てくる機械はないものかな」…所帯もち男性。

こんな小話があるそうで、いかにもアメリカらしい笑い話だと思ったが、しかしこの話、女にとってはちょっとやりきれない。

独身男性が自動販売機にコインをいれて食料品を買うとき、それをアパートに持って帰ってオーブンにいれたり、一人でお茶をわかす面倒さが頭にくるのだろう。そんなとき、一ドルでサービスをしてくれる女房が出てきたらと願う気持ちはよくわかるが、それが、一ドル入れてステキな恋人をとのぞむのではないところに、使用人なみのイメージが感じられる。

この場合の「奥さん」と「恋人」のちがいは、家の中の仕事が男にとってどれほど面倒くさいかをあらわしていはしないであろうか。

所帯もちの男性が一ドルで女房を売るというのもひどい。が、それは一ドルでなければ面白くないのだからいいとして、要は、女房とはもってなければ不便、もてばわずらわしいということだと受け取っておこう。

アメリカの話だといってしまえばそれまでだが、私たちの国でもそれは同じで、このごろ、しきりと家事に専念しろという声が女に向けられていることを思うと、戦後二十数年、家庭生活の合理化とか、女も社会に出て働けといわれて、いっしょうけんめいに育ててきた女のくらしが、なんとも切なく思えてくる。

敗戦からたち上がるためには一にも二にも生産力を高めなければならないと、労働が必要とあれば「もっと家事を合理化して、産業に参加し、ゆたかな生活をもとめるのだ」と、家事は二の次に考えてよいような形で女が産業界からもとめられたのは、ついこの間のことだというのに、それが公害大国に結びつく産業優先の結果だとなると、にわかに、このごろの女房たちはインスタント食品ばかり使って料理もしないとか、電化生活であまったエネルギーが教育ママや、社会活動夫人になったのだと、女の浅知恵を批判する形に変わってきた。

といっても、本当は、それほどかんたんなことではないが、まあそう受けとれるようなこのごろの女への風当たりをながめながら、私は、あらためて、男の支配している世の中では

「一ドル入れて奥さんの出てくる自動販売機はないかな」

「奥さんを入れると一ドル出てくる機械はないかな」

という小話に代表されるような女の生活は今後もつづいていくであろうことを考える。家事を義務と思わず芸術と考えてたのしめという説教をする男性さえいるが、義務として課せられたことのない男性のそういうことばだけでは幸福になれなくなった現代の主婦である私たちは、あらためて自分の家庭と家事について考えてみる必要があるのではないだろうか。

必需品をストック

（1973年11月15日）


トイレットペーパーが街から姿を消すという事態が起こって以来（※）、なんだか戦争中の生活の中で聞いたような言葉がよく耳に入る。電車やバスやスナックバーの中で、聞く気もないのに聞こえてくる話でも、街角で話している奥さん方の話し方にも、いつかどこかで聞いた思いがする。

「へえ、その品物、すぐ手に入るのかい？」

というような言葉、

「あら、奥さまそのトイレットペーパー、どこに売っていました？」

等々である。買いあさるな、買いだめをするな、と偉い人はいうけれど、実際問題として水洗トイレという文化生活をしていると、いいかげんな紙も使えないから、明日にも困ってしまうのに、店では売っていないとなると、当分の使い料だけは確保しなければならないというのが、主婦たちの意見である。なければいつでもあげるから買いあさるな、というなら待ちもしよう。しかし、困るのはみすみす自分たちなのだ、となれば、そして、再びどこの店にも豊富に並ぶようになっても、値上げの心配がないなら、だれが好んで買いあさってため込もうとなどするものか、と、主婦たちが話しているのもきいた。

トイレットペーパー事件が起こってから、私は買い物という家事について考えこんだことがあった。私は、仕事をもっている関係から、急に買い物に出ようと思ってもその時間をとれないことが多いので、必需品は気のついたときや手のあいているときにまとめ買いをしておく習慣にしている。トイレットペーパーのように軽いけれど荷物としてかさばるもので、しかも毎日の消耗品は、買い物のたびに少しずつ買って帰ることにしていたので、今度のような急激な品不足が起きると、かえって買いだめをしていたようなうしろめたい気分になってしまったが、しかし、そのおかげで、一カ月やそこらはまずまず不自由しないで安心できると思った。

まさかこのままトイレットペーパーがなくなることもなかろうから、今のところは静かにながめているが、この経験から考えたのはとにかく、食べるものやその他毎日消耗するものについては、少なくとも十日間くらいは何が起こっても、家の中にいるだけでなんとか暮らせるようにストックを持っていた方がいいということである。欲をいえば、一カ月くらいの安定感がほしい。そのかわり、不要なものは一切買わない。

何か事があっての十日とか一カ月は、何もないふだんの暮らしとは違う。極度の節約もできようから、買いおきもそんなに大量の必要はない。ゆとりがあるからというよりは心掛けの問題として、そんなことを考えていきたいと思った。実際、トイレットペーパー事件は、物が物だけに笑えない笑い話をたくさんきいたので、一層考えさせられたのである。

（※）１９７３年の第一次オイルショックをきっかけに物資不足が噂され、全国で起きたトイレットペーパー買い占め騒動のこと

すがすがしい彼

（1974年2月14日）

ある会社のPR誌を編集しているという青年が訪ねてきた。物価急上昇の折から、持ち物を長もちさせるコツを私に話せということであった。

その青年はいかにも身なりをきちんと整えているという感じで、さわやかな姿をしていた。背広もネクタイも、新しいものではないがぴったりと身に合い、少しもくたびれてみえるところがない。

「実は―」と彼がいいだしたところによると、自分はまだ独身で、ひとりでアパート暮らしをしているが、身のまわりのことは一切自分でするように母親からしつけられていたので、ワイシャツの洗たくも自分でするし、アイロンもかける。靴は帰宅すると部屋にあがる前にみがいておくし、洋服も、ぬいだ時点でほこりを払い、ハンガーにかけ、土曜日は半日洗たくと洋服その他のしまつをする。そのせいか、友人とくらべると自分の洋服は倍も長もちしている、ということであった。

そういう自分のくらし方から考えて、この物の高い時代に、いろいろなものを長もちさせるコツは手入れにあるのではなかろうかと思い、食物とか、住関係のことにはあまり知識がないため、それをききにきたというのであった。少しも自分が特別の青年と思っていないところがすがすがしかった。

私はうっかり「あなたの奥さんになる方は楽でしょうけど大変ね」、といってしまってからはっとした。

私のその言葉は、実生活のことには見えても見ぬふりで女にまかせておくのを男らしいとした昔の女のいうことである。

よく考えもせずにその昔の常識的な言葉を口にする私自身は、家事という名の生活のあと始末を、主婦が一人で処理しなければならないことに反発を感じているのに、と苦笑するほかなかった。

その意味で私はその青年のお母さんに敬服した。男女をとわず、くらしのたしなみとして、自分の身のまわりのことは自分でする躾《しつけ》はぜひしなければいけない。

家庭科の男女共修をすすめようとする会なども発足した折から、基本的な生活者としての躾はぜひ家庭でしなければと考えた。

働く母親

（1975年6月12日）

大学生と高校生の心中事件を伝える週刊誌の記事に、高校生の家庭は母親が仕事をもっていることをとりあげ、近所の人のうわさ話として、あのご家庭は奥さまがいつも留守だし、何か家庭のあたたかみに欠けたところがあったのでは？　という書き方がしてあった。一誌だけしか読んでいないので、あとはわからないが、私は、こういう記事のまとめ方にいつも暗い思いをいだく。

家庭婦人が働いていることは、当然と見られている現在でも何か事が起こると、母親が働いていたために子供にさびしい思いをさせていた、とか、家庭にあたたかさが欠けていたという批評が出ることに、私は反発を感じる。そしてまた、マスコミがそういう形で母親が働いていることを即家庭の冷たさとして、かんたんに割り切って描きだすことに、取材のイージーさを感じる。それは、多くの読者に「やっぱり、母親が家の中で家族のために心をくだく姿を見ていない子は……」と考えさせたり、子どもたちには、自分の行為の原因をいつも「家にいない母親」に結び付けて、自分に甘く、責任を他に転じる思考方法を身につけさせる結果にはならないのだろうかとも思う。

赤ん坊やよちよち歩きくらいまでの危険が多い年齢ならば、母親が常に目をとどかせていることも必要だが、身のまわりのしまつが自分でできて、道を走っている車はよけなければならないというような身の安全を守る常識ができた年齢になれば、母親は、むしろ自分から子供につきまとうことをさけて、ひとり立ちしていけるように子供を見守り、お互いに家族として協力していくことを考えるべきだろうし、母親もまた自分を生かす何かをもとめても一向さしつかえはないはずである。母と子のつきあいは密度が問題なのである。それを考えさせることなく「働く母親に不満」といった、かんたんな答えが出されるのはやりきれない。私も働く女であるためにそんな考え方をするといわれるかもしれないのを覚悟で、あえていいたいと思ったことである。

パーマ料金に思う

（1976年6月17日）

パーマネントをかけなくなって、もう何年になるだろうか。

私の家のすぐ近くで美容室をひらいていた知人が、たいへん有名になり、銀座の方に店を移してからは、半年に一度くらい銀座の店に行っていたが、あまり立派な店になったせいか入りにくくて、個人的にはときどきテレビ局などで顔を合わせてはいても、とうとう行かなくなってしまった。ただし、カットだけには月に一度くらいは行かなければならず、私はまた、家から最短距離にある美容室をみつけて、もういく年もそこに行っている。

私がパーマネントをかけ、仕上げのセットをしてもらっていたころには、それでちょうど二千円であった。今はカットが二千円。人件費が高くなったのだなあと思っている。友達にきいてみると、シャンプーとパーマ、セット、それにカットも含まれるのだろうが、とにかく一度パーマネントをかけにいくと一万円かかるから大変だという。

私のいく小さな美容室は先生とインターンのお弟子さんらしい人が二人いるだけで、店も質素だから、友達がおどろくほど安いカット代ですんでいるのだろう。

国民生活センターの資料によると、昭和四十五年には六大都市の平均パーマ代は千四百十五円。四十九年には三千十円で、その値上がりの五〇%は人件費の高騰という。いま、パーマ液の値段は一人分で百二十円から八百円までの差があり、流行のシスティンパーマというのが最高の八百円だという。こういう高級液を使うときはトリートメントの工程を増やすなどで料金の差が出てくるのだそうである。

材料の原価が即料金というふうに私たち素人は考えやすいが、人の毛髪は各人全部ちがうので、その性質に合わせて美容師さんは処理するはずで、カットひとつ、コッドの巻き方ひとつにも知識と技術が要求されるわけであろう。技術料プラスサービス料の加算を考えなければなるまい。

客にとってそれが常識化すれば、知識と技術をたえず広く新たにみがくことをもとめる必要がある。それを要求する権利は客にある。値上がりのはげしいといわれるパーマ料金について適正という線のあり場所を考えたいところである。

マナーの話

（1977年7月7日）

冠婚葬祭のマナーの話をするように、との依頼をうけることが、このところとみに多い。昨日も、ある婦人グループの集まりでいろいろ話をしたが、そのとき、名刺のマナーの話が出た。

「主人の代理で、よそのお宅に届け物をするときなど、名刺のどこかを折りまげて出すものだとききましたけれど、それは、どこを折るのですか?」

そんな質問を受けて、私は答えられなかった。たとえば年賀のときに名刺受けに置いてくる名刺は、本人がきたということを示すために名刺の右肩をちょっと折る、とか、お祝いごとに本人がきたけれど主人側が留守の場合、それを相手に告げる印に左肩を折る、あるいは、おくやみごとは左下を折る、といった名刺の使い方はあるようだが、私などは「そういうことも知っているのだぞ」と自慢しているように思えて、抵抗を感じるから自分ではしたことがない。まして、代理人であることを示す折り方までは知らない。

礼法ということは、知っているのはいい。しかし、なまはんかに知っている人ほど、知らない人に対してとやかく批評をする。そういうのを見ると、つい私は、反発を感じる。

「名刺なんて、日本人の生活にはごく最近入ってきたものといってもいいのだし、そういうマナーがあったとしても、知らなくたって恥とはいえませんでしょう」

私は、そんなふうに話したが、考えてみれば、結婚式での指輪とか披露宴でのケーキとか、結納のときの婚約指輪だとか、かつては日本になかったいろいろなしきたりが増え、それにつれてのマナーができ、いそがしいことになってしまった。

和服のときに、女が羽織を着るか着ないかもよく問題になる。男の正装との比較かもしれないが、女の和服の正装に羽織はない。

自分の国の正装についての知識があいまいで、洋装の喪服には真珠だけはつけるのが正式だなどという人もたくさんいるが、真珠をつける必要はない。

こうした混乱は今は仕方ないとしても、一番の基本を考える習慣を身につけたいと思う。

暗記ものでは、いつそれが思いちがいということで逆にならないとも限らない。

マナーは形より心であることへの再認識が必要だと思う。

スカンポのジャム

（1978年5月18日）

スカンポが芽を出し、赤い色の葉がかわいらしい季節である。うちの庭にも、手入れのいきとどかない片すみにこの草が季節のいのちをいとなみはじめた。ときどき散歩に出かける近くの公園にも、川のふちにも、あちらこちらにその姿がみえる。今に、ニョキニョキと、たくましくのびていくであろう。

どちらかといえば、たくましすぎてきらわれる草であるが、この草の茎の酸味を好んでたべた幼い日を思い出すと、やはりなつかしい、遊びと言えば原っぱで、男の子にまじって兵隊ごっこや馬とびに夢中になっていた私は、今の都会の子のように、勉強に追いまわされることもなく、親の過保護も受けず、家事の手伝いをさせられるほかは野放しの子として遊びまわっていた。そのために、東京育ちでも野の草をたべたり、よその家の垣根に実ったきいちごをとってたべたり、女の子らしからぬ子であった。

遊びつかれてのどがかわくと、スカンポを折って、すっぱい茎をかんで汁を吸ったのが、実においしかった思い出がある。

そんな記憶から、スカンポでジャムはできないものだろうかと、数年まえ、一度作ってみた。

うす皮をはぎ、一糎《センチ》に茎をきざんでざっと熱湯を通し、水を切って砂糖を加える。適当に煮つまったところで仕上がりである。ルバーブのジャムと同じ要領で作ってみたのであるが、酸味も程よく、ややアクがあるだけで、ルバーブに似通った味にでき上がった。私は、自分の発見した味だと思ってうれしくてたまらなかった。あまり甘味をきかせず、かたくもせずに、かんたんなジャムに作った方がおいしい。

アクは、一度ゆでこぼしてから砂糖を加えるとずっと少なくなることもおぼえた。

今年も、少しでもいいからスカンポのジャムを作ろうと、茎が伸びるのを待っている。ちょうど四国から訪ねてきた八十近いおばあちゃんにその話をしたら、四国ではイタンボと呼ぶそうである。

「イタンボのようなにくまれ草に、そがいな手をかけなさるとは、もの好きよなあ」

といわれた。そうかもしれない。でも私は今年も作るつもりである。

水害お見舞い

（1978年7月6日）

水害（※）にあわれたみなさま、本当にご災難で、心からお見舞いを申し上げます。私は、東京で刻々報道されるニュースに、心をいためておりました。

少しはあと片づけもおすみになったころかと思いますが、水害は、あとのしまつが長びきますので、まだ心は安まらない日々をおすごしでしょう。張りつめていた気持ちがほっとゆるんだとき、からだの疲れがどっと出て、寝こんでしまわれるということもありましょうから、どうぞ、くれぐれもお気をつけくださるように。

気候はわるいときですし、なによりも、たべものにご注意をなさってください。不自由な暮らしで栄養のバランスに気を配ることもできない日々でしたでしょうから、病気にかからぬ体調をととのえる意味でも、こんなときは一番手近にとれる完全食品として、牛乳を料理にお使いになることをおすすめしたいと思います。

そのまま飲める方は結構ですが、牛乳ぎらいの方には、みそ汁に、汁の三分の一か半分の牛乳を使われると抵抗なくのめましょう。汁の実には、ニンジン、玉ネギ、ジャガイモなどを使うと、だしを使わなくても味がよく、さらに豚肉も加えて豚汁にすれば、忙しいときなど、それ一品で一食にしてもいいくらいです。

野菜も、今が季節のナス、ピーマン、オクラなどとり合わせてざっと油いためにし、カレー粉と塩、ほんの少しのしょうゆで味つけした野菜カレーは、食欲をまし、お年寄りにも喜ばれるおかずの一品になりましょう。

忙しいときは、おかずを考えるのも面倒になるものですから、栄養のことを頭において、献立づくりのお手伝いでも、と思いました。

ぬれたものは、よく乾いたと思っても、カビが生えやすいので、少々電気代がかかっても、扇風機を利用して、家の中のあちこちに風を送ることや、床下浸水だけで難をのがれたとしても、押し入れなど、当分は戸をあけ放して風を送ることもしばらく続けてください。

疲れたからだの寝冷えも禁物です。明け方の涼気に、一枚余分にかけるタオルケットか毛布を、かならずまくらもとにおいてください。
限られた字数のなかで、これだけは、と思ったことの二、三をつづりました。

（※）新潟県南西部を除く県下全域に6月26日から28日にかけて大雨をもたらした略称「6・26新潟水害」

黒豆

（1978年12月28日）

そろそろ、正月用のたべものの用意にかからなければと、昨日は黒豆を買ってきた。毎年、丹羽の黒豆を数日がかりで煮上げ、いつもお世話になっている方々に届けたり、毎日の食卓に煮豆がないと寂しそうな姑《しゅうとめ》のためにびん詰めにして保存するので、黒豆だけは大なべにいっぱい煮る。正月料理には、その家々のしきたりが色濃く出るものだと思うが、わが家の黒豆は、いつの間にか私にはしたしみのうすかった関西風のぶどう豆になってしまった。私は東京で育ったので、黒豆と言えば、最初から砂糖と少しのしょうゆを入れて煮上げる、あの、しわのよった黒豆で、使う豆もがんくい豆といわれる平たい黒豆であったが、いつからか、やわらかくて、ふっくらとしたぶどう豆の方が好きになり、ぶどう豆を煮る習慣に変わってしまった。

つぶらな、艶《つや》のいい豆を、洗って一晩水につけるともう皮がやぶれるかと思うほどにふくらむ。つけ汁のまま火にかけて火かげんに注意しながら、ときどき水を加えては、落としぶたの下でゆっくりと煮えるのを待つ。片づけものをしたり、台所の小道具を磨《みが》いたり、とにかく黒豆を煮る日には、台所のまわりでできる仕事をまとめておいてときどき豆の面倒をみてやることを忘れないようにする。親ゆびと人差しゆびで豆をつまみ、押してつぶれるようになったら火をとめ、あら熱がとれるまでそのままおいて豆をざるに上げ、ざっと熱湯をかけて、よごれやアクを流してしまう。

別にうすい蜜《みつ》を作って煮立てておき、その中に豆を浸し、一日おいて次の日に蜜だけ別鍋にあけて砂糖を加えて煮立て、また翌日、同じように蜜を濃くしていき、黒豆の皮にしわがよらないように気をつけながら味をしみこませていく。

豆には熱を加えず、蜜だけ煮立てるが、最後に弱い火で蜜とともに豆を煮立てて仕上げる。ずいぶん手がかかるように思うが、気をつけるのはやわらかくするまでで、あとはひまひまに蜜を濃くするだけだから、四日がかりとはいえ意外にかんたんである。時間をかけなければよい味にならないものだけを先に仕上げておけば、料理づくりも苦にならない。

何もかもていねいにするのは理想だが、それができないくらしの中で、一品だけでも心ゆくまでていねいに作ることを考えるのが、正月料理のたのしみではなかろうか。

そら豆の季節

（1979年6月1日）

今年は例年より早くそら豆が出たように思う。わが家では夫の好物なので、そら豆が出ている間はよく買う。

はじめてみたのは今年の四月はじめのころであったろうか。初ものだからと、夕食のために奮発した。一キロ七百円だったと思う。九州か四国のものであった。

関東では、これから茨城ものなどが出盛りになる。私がもの心ついてから、そら豆とは五月の末から六月にかけてたべる野菜であった。おやつにもたべさせられた記憶があるが、およそ料理らしい料理をしたことのなかった私の母が、これだけは不思議に私の記憶に残してくれた「おかず」として、そら豆のごくやわらかいのを、皮ごと甘辛く煮てたべさせてくれたのが、夏服に着がえる季節に結びついて思い出される。

東京でたべるのは、この季節が一番いいのか、ねだんも半値近くに下がっている。うす緑の、ちょっと白っぽくさえみえるみずみずしいサヤの中に、ぴっちりと入っている二粒か三粒のそら豆は、まだおハグロも出ていなくて、程よい大きさである。むいたそばから水を張ったボウルにほうりこみ、空気にあてないように、まとめてザルにあけてぐらぐら煮立つたっぷりの熱湯の中へ一気に入れて塩ゆでする。

家庭の食卓なら、皮のはしは、まだやわらかい豆なら切らない方がいい。歯ざわりを残す程度にゆで上げて、パラリと塩をふる。そしてすぐテーブルへ、というのが一番おいしい。

今年の初ものとしてたべたそら豆は、料理屋さんなどに卸す店でみつけたせいか、本当にやわらかであったが、まだちょっと味が出ていない感じであった。やはり季節を待った方がよかったな、と思った。しかし皮もやわらかで、一緒にたべられた。

初もののそら豆をテーブルに出したとき、わが家のご主人は気むずかしげな顔をして、皮にしわがよっている、どうしてこんなゆで方をしたのか、といっていた。皮に切れ目を入れなくても十分に豆がやわらかくなるときには、そんな手間をかけない方がおいしい。皮のしわは、新しさとやわらかさの証拠なのだと口まで出かかった言葉をのみこんで、それ以上文句が出ないようにと願った。

ぼつぼつ、おハグロの出た一寸豆も出よう。そうしたら、皮にしわのないゆで方をしよう。

3 一九八〇年代

昭和55年〜平成元年

誕生祝い再考を

（1980年2月22日）

朝の食事のあと片付けをしているとき、「電報」という珍しい声をきいた。このごろは何でも電話で間に合うので、めったに電報を受けることがない。むかしは、電報をもらうと何かわるい事件でも起こった知らせかと、どきりとさせられたものであったが、近ごろは、すぐ祝電を思うからおかしなものである。

そうだ、私の誕生日だったと、やっと思いだしたのは、その祝電を受けとったときで、友達が私の誕生日をおぼえていてくれたわけである。私も、友達の誕生日は手帳に記してあるので忘れることはないが、自分の誕生日はつい忘れてしまう。もう、祝われるほどのおめでたいことでもなくなっているせいか、とくべつの思いもないが、それでも、忘れずにいてくれる友達のいることに感謝しながら、あらためて、去年の誕生日以来のこの一年、自分が何をしてきたかをふり返った。さっぱり目新しいこともせずに、日々をすごしてきてしまったと反省する。

誕生日を祝われるということを、私は幼い日には経験しなかった。そういうふん囲気のない家庭であったこともあるが、日本では、もとは正月にみなが一せいに年をとったので、誕生日については、生後一年のときくらいしか祝うしきたりはなかったといってもよいのではないだろうか。私の記憶では、誕生日の子供パーティーとか、プレゼントをするという習慣が一般化したのは、どうも戦後になってのことのように思われる。もちろん、子供のために誕生日にごちそうを作るとか、友達間でささやかなプレゼントをしていた例を知らないではないが、私たちの生活の中への普及の度合いという点で、ここ三十年くらいの間に定着したとみてもよいのではないだろうか。

してみると、この、私たちにとってはまだ新しい習慣である誕生祝いについて、どのように受けとめるかを、もう一度考えてみることも無駄ではないと思われる。

子供の誕生パーティーとか、プレゼントがだんだん華やかになりエスカレートしていく傾向に、親たちを困らせているという話もきく。祝うことに異論はないが、祝われることへの受けとめ方、祝う意味についても、みんなが考えておきたいという気がする。

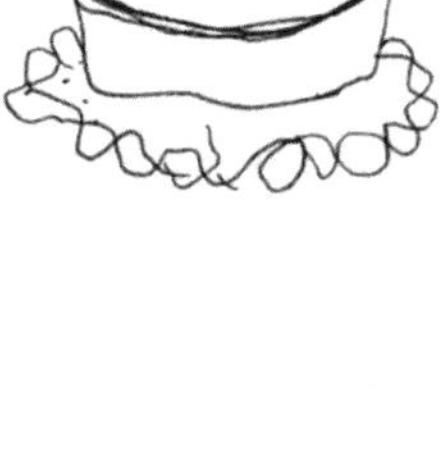

仕事と家事の両立

（1980年11月21日）

先ごろ発表された五十五年度版の婦人労働白書によれば、いま、働く婦人の数は史上最高であり、そのうち既婚者の占める割合は六六・八%という。この既婚者就業率も史上最高だという。

一見、家庭をもっても外に働く場をもつ女性が増えているようにも思われるが、既婚者の三分の二が、夫と死別か離別であるということを考えると、これはよくよく目を見開いて現実を見据《す》えておかなければならない。

私は、女が仕事をもつことの意義は十二分にみとめているし、自分も仕事をもってくらしてきたから、職業をもつ女性が増えることを喜びこそすれ決して否定するわけではない。が、最近、私の身のまわりに、家庭と職業を手おちなく両立させようという意欲のあまり、からだをこわしている人を多くみるようになり、無理はいけないな、という気持ちも強くなった。

金銭的な事情だけでの共働きには、それなりに夫も納得した協力があり、幼い子供がいれば保育所への送り迎えも当然のこととして夫が分担したり、家事も分担して、妻の負担を軽くしようとする。しかし、妻も自立した一人の女性として独身時代からの仕事を生きがいにしている場合、夫に経済的な力があると、とかく「そんなつかれた顔をしているんだったら、仕事をやめればいいじゃないか」と、家事への協力はおろか「家に女房がいる生活」へのあこがれをいうようになり、妻は一層、家事も完ぺきにつとめてやろうという気になってつかれをためていく。

放送関係の仕事を二十年以上つづけてきて、とうとう、心身の疲労で退職した私の友達は、「勤めていたときより、大いばりで夫に文句をいうようになったわ。どうして今までこんなことにも夫に気を使っていたのかと、自分でもおかしいくらい、仕事をもっていることに負い目を感じていたのね」という。「無意識のうちに、妻とか母とかいうワクを自分にはめて、シャカリキになって生きてきてしまった」と、夫と子供と自分という生活をとった今は、冷静に自分をみている。

極限まで考えつめたというその人が、家事とか家政とかいう実生活を支える女の仕事に、評価も尊敬ももてなかった自分を考えている、といったのも私には心にさった。

まだまだ考えていかなければならないのが女と職業の問題である。

もの忘れ

（1981年5月22日）

さがしものに時間をとられるようになったら、老化現象がはじまったと思わなければいけない、と、私は自分にいいきかせてきたが、このごろ、老眼鏡をひょいとはずして本棚においたまま忘れているとか、たしかにここに置いたはずと思うものが、とんでもないところに位置が変わっていたりする。いやだなあ、とひとりで苦笑する。

まだ子育てに追われている若い友達にそれを話すと、子供の行動に似ているといわれた。自分の子は、お菓子などたべているとき、ちょっと絵本がみたくなって動き出すと、手にはお菓子をもったまま立ち上がり、本をとりにいってひょいとそのへんにお菓子を置いて絵本をひろげ、そのまま忘れてくるらしく、掃除をしていると、とんでもないところにたべかけのビスケットがあったりしておどろくという。

子供はそのときどきの興味で今していることに気持ちを集中するからなのであろうが、私の場合は、その場その場で忘れていくのだから処置なしだと思う。

忘れるということは、ひとつの自己防衛かもしれない、と私はよく思っていた。何十年も生きてきて、経験したことや見たことをすべてはっきりとおぼえていたら、とても身がもたないであろうと思ったのだが、自分でもいやになるほど、忘れることが増えてくると、ただ年のせいだと自分を許すわけにはいかなくなってくる。

忘れるのは、ほとんどが無意識でしていることに関してであり、「これは大事なことだから」と思って意識してやっていることは忘れずにすむのである。

亡くなられた著名の心理学の先生とテレビで対談したときうかがった話で、私は、たいへんに心強く思ったことがあった。人間は、単なる記憶力の点では十代までが最高だけれど、ものを創造する能力は八十代になってもその人の積み重ねてきた知識や思考力によって衰えることはない、という話であった。

自分のもの忘れについて救いをもとめるつもりで思い出したわけではない。そのお話のなかの、つみ重ねた知識や思考力というところに視点を据えて考えてみると、むしろ私はぞっとする。若い日からの生き方にかかっているからである。

もの忘れを気にするより、ずっと大切な自分の心の姿勢を問われていることを忘れてはならない。

老夫婦

（1981年7月3日）

身近な親類の夫婦が、そろって入院した。骨折りと胃かいようで、年じゅう自分の好きなことで出歩いている夫のほうが足の骨を折って入院、いつも夫の文句をいい、嫁とにらみ合っていらいらしている妻の方が胃かいよう、二人とも七十歳を超えた老夫婦なのに、派手なけんかもするし、ブツブツとお互いに相手に文句をつけているのは日常茶飯事である。

特別室に二つベッドを入れてもらい、老夫婦が口げんかをしながら入院している様子を想像して、私はニヤニヤしてしまった。人の病気を何がおかしいかと、見舞いにいったらすぐしかられそうだが、生命に別状もなく、二人とも日がたてばすぐ全快するとのことで、息子夫婦のいきなはからいだと私は見ている。

多趣味なおじいさんは、趣味友達といつも出歩き、外国にもよく足をのばす。仕事は息子たちがすっかり切りまわして何の心配もないし、個人経営の小企業だから、老夫婦にも役員としての月給が入り、私などからみれば結構な身分である。おばあさんは気にしなくてもいいことを、いちいちあげつらい、「私は一年中いらいらさせられるから胃かいようになった」と人の顔をみれば嘆いている。

この二人をみていて私が思うのは、若いときには本当にいっしょうけんめいで力を合わせてきた夫婦なのに、年をとってからどうしてこれだけ離ればなれになってしまったのだろうかということである。かつて姑《しゅうとめ》の苦労をして、さて自分が姑になったときは、嫁は昔の女ではない。息子は嫁をかばい、仕事は長男夫婦が中心になり息子たちの手でどんどん伸びている。夫は仕事の手が抜けると自分の趣味の世界に飛び出していってしまったし、一人だけ、豊かなくらしの中で孤独になっていたことはよくわかる。それなら、自分も好きなことをすればいいと思うのだが、何をすればいいのかわからないというのである。

娘時代にはお琴もひいた、長うたも習った、お茶もやったし短歌もよんだと、思い出だけをいうのだが、何ひとつ生涯の心を満たすものにはなっていなかった。気の毒だと思うが、あえて私は「今からでも、またはじめたら?」と冷たくいうことにしている。おじいさんも、妻を道ずれにしないのは明治の男だからだろうか?笑いごとではなく、この老夫婦の生活をよく考えてみたいと私は思う。

パソコン

（1981年11月13日）

私が毎週いくデパートにも、一カ月ほど前からパーソナルコンピューターの売り場ができた。

デパートは最大公約数の客を相手にするところだから、コンピューターのコーナーができたことは、その普及ぶりをしめすものだとみてよいのだと思う。

私のような家事家政に類するささやかな仕事をしているもののところにも、コンピューター家計簿のプログラム作りの話がもちこまれたりして、それこそびっくり仰天したが、しかしコンピューターによる家計のやりくりの指示までが考えられていることを知ると、私たちも、これに無関心ではいられなくなった。すでに調理のノウハウを指示する電子レンジなども数年前からできていたが、こんなものを使うようになるのは、私の生きている間にはまだのぞめないであろうと思っていた。

けれども、このところとみに多くなってきたマスコミのコンピューター関係の記事や広告、テレビ番組は目に訴えかけて直接ロボットの働きなどを見せてくれるから、びっくり仰天だけもしていられない。数年先には、いやおそくても十年先には、「三食、昼寝、コンピューター付き」の主婦のくらしが実現できそうだと専門家に話をきいたが、家族の声や顔を見分けて命令に忠実に従うコンピューターが普及したら、外出先から電話でコンピューターに命令を出し、部屋の温度調節からふろわかし、電気ガマのスイッチまでも入れておかせることも可能だそうである。

買い物も、病気の診断も、いろいろな機械を据えることで、遠隔操作ができたり、職場と自宅のコンピューターをつなぐことで、夫は毎日出勤の必要もなくなるとか、子供は塾に通わなくても、テレビ電話やファクシミリを利用して先生と一対一の形で勉強をすることもできる等々、きけばきくほど、夢みたいな気持ちにさせられる。

女が関心をもった耐久消費財はすでに家庭の中にあふれた。ホームコンピューターは男性と子供に大きな関心をもたれているだけに、意外に早い普及の下地がある商品であろう。デパートのパソコンコーナーに集まっている男性と子供の姿に私はそれを感じ、しかしその余裕が私たちにあるのだろうかと、今のところ首をひねっている。

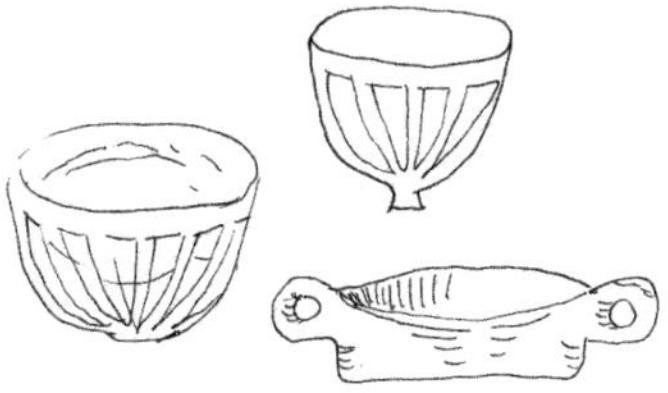

愛用のバリカン

（1982年2月19日）

もう三十数年、うちでは夫の髪を刈るのは私の仕事になっている。床屋さんのいすにすわっている間の自由にならない時間がいやだというので、ひょいとその気になってバリカンを買ってきて刈ってみたのが、そのまま習慣になってしまった。

丸刈りの坊主頭だから、特別の技術もいらないし、少々はトラ刈りになっていようと、こちらは本職ではないので仕方がない。それで悪ければ床屋さんにいってもらう方が私はありがたいが、夫は生活の中から散髪にいくという習慣をなくしてしまったので、当然私が刈るものだと思っている。三十数年の間に、刈り取った髪は白いものの方が多くなっている。もう、今さらこの習慣も変えられないな、と考えたりする。

ところで、私の使っているバリカンは、最初に買ったものを何度か刃物屋さんで研いでもらって使いつづけている。

二つ三つ、新しいのも買ってみたが、やはり最初に買ったものが手にやわらかくなじんで使いやすい。ときどき、年のせいか手がいたくなってバリカンを握る力が不足することがあるので、電気バリカンというのがあることを思い出して街の電気器具店や刃物屋さんにきいてみたが、店にはないという。

理容器具の専門店にでもいってみたら?といわれて、それなら床屋さんにたのんで買ってもらおうと思ったが、近所の顔見知りの床屋さんの若い人に聞いたら、「バリカン」ではなく、現代の理容用語では「クリッパー」と呼ぶそうである。そうきいたとたんに、私の電気バリカンへの関心は冷えてしまった。

決して、がんこな気持ちからではなく、むしろ、そういうものを使う事新しさが面倒になっていたのだと思う。まあ、自分の手の動く範囲で、長年つき合ってきたバリカンさんとおつき合いしていこうという気持ちの方が強くなったという方が正しい。

バリカンが日本で使われるようになったのは明治のころからで、文明開化とともに、チョンマゲをやめた人たちの頭を刈る道具として定着したもののようである。これを作ったフランスの会社名であったそうである。老夫婦の家庭には「クリッパー」より、やはり「バリカン」がふさわしいと私は思っている。

モノ離れも結構

（1982年6月18日）

「ふりむけば君がいて」

のCMがヒットして、熟年夫婦をねらった国鉄のフルムーン・グリーンパスは好成績をおさめたという。そのグリーンパスで旅行をしてきたという知人が

「ほんとに、三十年ぶりの夫婦旅行だったけれど、お互いにわがままいうから口げんかばかり。それに、家にいることの多い私は、見物あるきでつかれてしまって、乗りものに乗れば居眠りしていたわ。亭主のいうことが、またシャクのタネよ。〝ふりむけば寝たきりばあさんがいて〟ですってよ」

ともに苦労して、しかし平和な家庭をきずいてきた夫婦である。二人の男の子はそれぞれ独立、やっと教育費の負担から解放され、ほっと一息ついたところだという。夫は今年定年の予定だったのが二年間のびたので、これから二年間はできるだ

け節約してお金を残し、定年後の生活費にうるおいをもたせるつもりだと奥さんはいっている。

「お鍋をみがいたり、掃除洗濯に追われて三十年、全く家族のためだけに生きてきたような私の主婦業にも、ようやく自分のための時間やお金が少しはとれるようになったので、六十の手習いじゃないけれど、私、バイオリンを習いはじめたの。何かひとつ、楽器が扱えたらいいと、若いころから思っていたのでね。たのしいわよ」

まだ六十歳には数年あるその奥さんがいうには、少しでも余裕ができたら、あれも買いたい、これも買いたいと思っていたものがあったのに、いざそのささやかなゆとりを持てたら、家の中には結構あれこれそろっているし、一番したい家の改造にはお金がかかりすぎる。そうしてみると、モノはほしくなくなって、年をとっても一人でたのしめるバイオリンを早く習いたくなったのだという。夫婦ともに元気で足も丈夫なうちにと旅行を計画したのも奥さんであったという。

モノ離れといわれる現在の私たちの生活を絵にかいたような話である。若い家庭には、それでも欲しいものがあろうが、いってみれば現在はモノの売れにくい時代。買い手市場である。とすれば、本当によいものしか売れないという市場を定着させる消費者パワーを根づかせるにも、よい時期だといえよう。

おソメさんと万作さん

（1982年9月17日）

年のことはきき忘れたが、おソメさんは私の知人の祖母で、万作さんは隣家のおじいさん。郷里の村に暮らしているという。二人は同じ村に生まれ、年老いた人たちである。

おソメさんは家つき娘でムコをとり、万作さんは隣村からヨメをもらい、お互いに連れ合いに先立たれて今は隠居の身。足をわるくしたおソメさんは、いつも縁がわにすわって外をながめている。

万作さんは朝ごはんをたべると、

「おソメさん、元気かね」

と訪ねてくる。おソメさんは待ちかねたように、身のまわりに置いてある空き缶に入れたアメ玉だのアラレだのを出して万作さんにすすめる。万作さんは、勝手知った台所に入ってお茶を入れる。二人の平和な昔話は何時間も続いて、田畑の仕事に出ている家族の留守も、退屈しないですごしている。万作さんが風邪をひいたり腰がいたくて訪ねてこないときは、一日中おソメさんは万作さんの家の方をみては

「万作さんはどうしたな?」

と、くり返しつぶやいている。

家族のものたちは、「隣のじいちゃんとたべなさい」「おソメばあちゃんにもあげなさい」と、両家ともども何かとたべものを用意して、昼ごはんはよく二人してたべているという。おソメさんはやや呆《ぼ》けてきている。

幼い日から、同じ土地に住んで、年を重ねてきた二人には、一番わかり合えるものがあるのだろう。毎日、同じことを話しているようだ。家族がきくともなく耳にする話は幼いころの山で迷っておそろしかったことや、肥えだめに落ちて臭くて困ったこと、弟をおぶって学校にいったら泣き出してつらかったことなどなど、お互いに話しては笑ったり泣いたりしているという。

熊本県の山村の話である。さりげなく祖母の話をしてくれた知人は、「私たちには、

そんな老後は考えられない。知らない人ばかりにかこまれた東京では、隣のおじいさんとそんなに仲よくしたら、年がいもない色恋ざたにされそうだし」と笑っていたが、私もしんとした気持ちになった。

老いて茶のみ友達のほしいだけの気持ちも若い家族たちによってゆがめられる場合がある。急速に老齢化にすすむ今の日本で、若い人も自分の明日の問題として考えてほしいところである。敬老の日のプレゼントなどより、はるかに大切なことである。

なべ磨き

（1983年2月4日）

日常の人間関係に疲れたとき、あるいは仕事の予定がぎっしりとつまっている日など、私は突然、台所でなべを磨き出すことがある。今、しなければならない何かに向かっての、いっときそれを忘れるための自衛本能のような、逃げ場としてのなべ磨きなのである。

妙なことをいうと思われるかもしれないが、手を動かして磨くということに専念する時間は、それが十分とか十五分という時間であっても、別の世界に自分を置く気分転換になる。自分の動作につれて、なべが美しくなるというのも気持ちをなごやかにしてくれる。

こんな自分のくせを考えて、私は、ふだん使いのなべはすべてアルミの打ち出しなべをそろえている。手荒に磨けないなべは私の性に合わない。アルミは銅に次いで火のまわりも平均してやわらかだし、ちょっと肉厚のものを使えば、少しくらい流しのはしにぶつけたところでへこんだりすることもない。私はユキヒラとかヤットコなべを使っているので、洗うのも簡単である。ただ、毎日の炊事ですみずみまでピカピカに磨き上げておくには時間がおしいから、スチールウールを使ってピカピカに磨き上げるのは、せいぜい週に一度か十日に一度。それも全部のなべではなく、順ぐりにしている。一応はきれいになっているが、打ち出しなべはへこみの部分がつやを失ってしまうので、ときどき、磨き上げないとよごれがついているように見える。

ステンレス、鉄、銅などのなべも持ってはいるが、衣類にも普段着、街着、あらたまった訪問のときの服装や礼装があるように、なべにも一番使いやすいふだん使いや、食卓に出すおしゃれなべ、目的に応じて鉄や陶器のなべとかホーロー等々、考えながら使うのもたのしみである。

こんな台所の実用品を、自分の最も身近なものとして暮らしてきた私が、心のモヤモヤをさっと払いたいときや、どこから手をつけたらいいかと背負ってるものの処置を冷静に考えたいとき、なべ磨きに手を出すというのは、落ち着きをもとめることなのだろうか、と思ってみる。

自分の手で、刻々にきれいに輝き出すなべの美しい姿を見るのが救いになるのかもしれない。

今日も、私は、ひとつなべを磨き上げて心がやすらいだ。

春と扇風機

（1983年4月1日）

五月号のある雑誌に「五月の声を聞いたら扇風機を出してはどうか」、ということを書いた。扇風機といえば夏のものと思われているけれど、実は一年じゅうの必需品であることを、私は自分のくらしのなかで実感している。それでどなたにもそれを実感していただきたくて、夏の終わりには「扇風機はしまいこまず、いつでも使える場所に納めておいて」と、書いたり話したりするし、春になると「早めに出しておいては？」とすすめる。

台所仕事に手伝いをなくしてから、私は、おすしを作るとき、いつも扇風機のご厄介になる。

何年も前に、夏の化粧用にと小さな扇風機を人から頂いた。だが化粧をしない私は、おすしのご飯を急いでさますのに重宝している。

わが家では、おすしといってもせいぜい五カップのご飯が基準なので、炊飯器の一・八《リットル》炊きで間に合う。

程よくむれたご飯に、合わせ酢は炊飯器に入れたままでまわしかけ、いっときむらしてから飯切りにあけると、ごはんが楽にとれてほぐれやすい。ほんの三十秒ほど酢を入れてむらすことで、酢の味がやわらぐため、私はいつもそうしているが、バラずしであれば、ごはんといっしょに具を飯切りに入れ、一気にさましながらまぜると、たいへん上手におすしができ上がる。

白いすしめしだけを作るときも、同じである。

一人では、まぜるのとウチワであおぐのと同時にはできないので、扇風機はおすし作りの私の片腕というわけである。春はおすしのおいしいときだし、入園、入学などの祝いごとに、おすし作りをすることも多いので、雑誌には走り梅雨の五月の扇風機の便利さを書いたが、いや、三月、四月にも、ぜひ使ってはどうかと書きたくなった。

おすし作りだけでなく、そろそろカビの心配の出てきた台所の排水まわりやふろ場、押し入れなどの湿気払いに、強制的に風を送って、よどんだ空気の入れ替えやら乾燥を心がけたいし、春物衣類の防虫剤のにおい取りに、また窓際や縁側の日かげにつるした衣類に風を送るのも効果がある。ついでに洋服ダンスの中などにも風を通したい時期にきている。もし、手持ちの扇風機を眠らせているお宅では、この季節から、それほど電力のいらない扇風機の活用をおすすめしたい。

きんぴらごぼう

（1983年10月7日）

茨城に住む友達から、毎年、秋になると特産のみごとなゴボウを送ってもらう。洗いざらしになったゴボウだけは買いたくないので、私は、いただいた泥つきのままのを、庭に作っているささやかな畑のすみにいけておく。

きんぴらにしたり、たたきゴボウにしたり、いりどり、豚汁、けんちん、のっぺ、おすしやとりめしにと、その香りの良さを長い間たのしませてもらう。

春になって、一本くらい使い忘れていたのが芽を出して、たちまち大きな葉になったりすることもある。あわてて掘り起こして、少しカスカスになってはいるが、やはり香りはよいのを笹《ささ》がきにしてみそ汁に入れることもある。

ささやかでも土のあるくらしは、いただきものの野菜も無駄にしないですむので、ありがたいと思う。今年も早速きんぴらとおからを作った。

きんぴらゴボウほど作る人の好みが出る総菜料理もないのではなかろうかと私は思っている。わが家のは、夫婦ともども年をとってきたせいで、このごろはごく細切りにする。

うすいたんざくに切ってから、せんいを切るように、少し斜めに包丁を入れて細いせん切りにする。繊維に副《そ》って切ると歯切れがわるい。これは若いときから、ゴボウのせん切りは必ずこうしていたが、ただ、やや太めにした方が味があると思っていた。年齢による好みの差も出てくるものである。

切るそばから水に入れ、切り終わったらすぐ水を切っていためる。いため油は揚げものをした油でよいが、私はそこに新しいゴマ油を少し加える。色どりのためのニンジンは入れることもあるが、たいていはゴボウだけ。仕上がりに切りゴマをぱらっと振る。唐辛子も少し振る。味付けはみりんとしょうゆでうす味に。

人によっては炒《い》り上げずにちょっとだし汁を加えて煮ると味がしみておいしいという人もあるし、笹がきにして作るという人もいる。生まれ育った家の習慣をそのまま受け継いでいる場合が多い。

台所を受けもつ人の身につけた習慣や好みが家族にあたえる影響の大きさは、きんぴらゴボウひとつを例にとっても考えさせられることである。

家庭内事務

（1984年3月23日）

私ごとを最初に書くことは、たいへん申しわけないのですが、夫・古谷綱武の死に際して、新潟日報を通じておつき合いいただいたみなさまから、あたたかいお心をおよせいただいたことに、深い感謝とともに厚くお礼を申し上げます。本当にありがとうございました。

◇

私にとって夫との別れは、まだ何ひとつできていない。心の整理も、家の中の整理も、何年かたたなければ片づくものではないと思っているが、生活をとりまく雑事は容赦なく残ったものの上にふりかかってくる。さし当たっては前年度の収入に対する税金の申告だとか、さまざまな社会的なかかわりとの事務的な処理。また、たとえば公営霊園の使用権を継承する名義変更のための戸籍謄本だの印鑑証明だのを取りよせるための外出や手紙書き、といった日常生活の中にはないお役所とのつき合い。すべてに証明が必要な手続きというものは、気持ちを集中しないと手落ちを招くこともあるので緊張する。やはり他人にたのむこともできない。日を限られての事務処理は、からだ一つでは効率よくいかないときもある。なれていないと失敗する。

この経験のまっただ中で私が感じるのは、家庭内での事務処理について、夫だけがわかっていればよい、といった「おまかせ」の態度は捨てなければならないということであった。

わが家は幸いに二人だけの生活であったし、事務的なことは私がすべてしていたので、何がどうなっているのかわからないことはないものの、それでも、夫が属していた会の会費などどうなっているのか、雑誌や書籍など買っている支払いは？　と、夫だけが自分で処理していたことにはまごついてしまう。

これは逆に夫もまた家庭内のさまざまな事務処理に無関心では困るということでもある。要は家庭内に秘密があってはできないので、その意味でも家庭は平和でなければと思う。

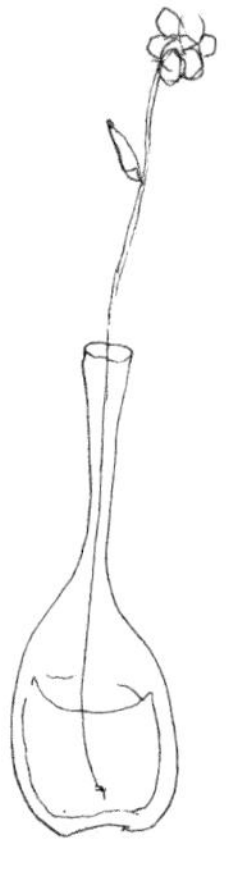

食べさせる

（1984年4月13日）

このごろ、私は台所に立つのがなんとなく面倒になった。

夫や姑《しゅうとめ》とともに暮らしていたころは、ときには義務としての食事の支度を苦痛に思う日もあった。仕事の間を縫うようにして菜っぱをゆでたり、お米をといだりしながら、だれかに作ってもらう夕食をたべたいと願ったりもした。けれども、食卓をととのえ、みんなが顔をそろえると、そんな苦痛の原因は自分の予定通りに仕事の方が片づかなかったからだと気がついて、おいしいといいながらたべる家族に、もう一品あれも作ればよかった、と後悔することもあった。

今は自分の自由に、食事の時間をずらすこともできるし、自分の好きなものを好きなときに作ってたべてもいい身分になったが、今度は本当に料理することが面倒くさい。これは発見であった。私は料理が好きだと自分では思ってきた。だから、一人の暮らしでも、おいしいものを作って食卓をにぎやかにしてたべることは一生つづくと思いこんでいたのだが、一人の食事はすぐ終わってしまう。

考えてみるとここ四十年、私は自分のために料理をしたことは一度もなかったということにも気がついた。やはり、料理はだれかにたべさせる目的がないと意欲を失うものなのだろうか、とも思ってみる。

そんな話をつい友達にしてしまうせいか、夕食にさそわれることが多くなった。昨夜もしたしい友達が、気のおけない店だからと連れて行ってくれた。その店は、まだ若い女主人一人で目の前で何でも作ってくれるところだった。いろいろ話をしているうちに、その女主人のお父さんがたべることの好きな人で、料理を習ったことは一度もないのだけれど、いろいろ作るようになったのだときいた。お母さんは全くたべるだけの人だとも言った。そして今は母と娘の二人ぐらしだとのこと。

手ぎわよく、おいしい料理を作ってくれる女主人を見ながら、父を失ったその人も、やはり「たべさせる人」であったのかと思った。

新幹線上野乗り入れ

（1985年4月3日）

上越新幹線の上野乗り入れ（※）を記念して、新潟の文化、物産を紹介する日報主催の催しが東京新宿の三越で開かれた。

生活文化に関する展示コーナーには、日報の家庭らんで見た記憶のある、いろいろな暮らしの道具が並んでいて、これがそうか、と、写真で見たものの記憶を、しっかりと確かめることもできた。うす、きね、といったものは私たちの生活にはすでに取り入れにくくなっているが、小箒《ほうき》とかチリトリ、竹かごなどの小物はどうしてもほしくなり、つい買ってしまった。とくに水原町の文化財にもなっているという「べたくた」という名の玩具《がんぐ》には、すっかり心を奪われてしまい、親類の子供の顔や、郷土玩具に目のない友達などの顔がうかんできて、いくつも買いこんできてしまった。

ちょうど製作者の今井さんご夫妻が傍らで人形（だるま？）の絵つけをしておら

れ、遊び方を教えていただいたが、すぐ周りに人だかりがして、みんな無心な顔で、ふしぎなおもちゃの楽しさを味わっているようであった。つい、あそこもここもと見てまわったが、別のフロアの物産即売のところでは、私が村上のお茶を買っている傍らで、七十代らしいご夫婦が「私たちも村上の出なんですよ」と、売り子さんに語りかけていた。ふるさとへの思いにかりたてられて催しものの会場へ足を運んだ人も多いのだなあと、あらためて、東京に住む新潟県人の多さを考えさせられた。

催しもの会場には、びっしりと人が入っていて、入り口に置かれた新潟を紹介する日報の特集を手に取って、大事そうにバッグに入れたり、かかえている人も多く、気のせいか、客たちの目はふるさとをなつかしむ思いでいっぱいのように見えた。

何となく心さそわれてこの催しものに出かける気になったのは、私にとっても新潟への私なりの思いのためだったか、と、まわりの人の雰囲気から自分を考えた。

（※）上越新幹線は１９８２年11月に大宮―新潟間、85年３月に上野―大宮間、91年に上野―大宮間が開業し全線開通。上野乗り入れは１９８５年３月14日だった

私の年中行事

（1986年12月31日）

毎年、冬至に作るわが家の柚《ゆ》べしが、いま軒先につり下がっている。いつしか、自分だけの年中行事として家事の中に組み込まれてしまっている。

家事といっても、現在は家族のいない気軽さですべてマイペース。いやなら何もしなくてもいい。食事づくりさえ、面倒なら外へ食べに行く自由もある。まして、年中行事を取りやめたってだれも文句をいう人はいない。それなのに、やっぱり柚べしを作ろうとするのは、これを待っていて下さる方が何人かいるという「はげみ」があるからだろうか。

作るたびに、もう、あと何度これが作れるのかしら、と考えたり、こういうものの作り方を若い人に教えておくのが先輩としての務めだろうかと思ったりする。

もし、作ってみようとお思いの方は、まだ柚子《ゆず》のあるうちに、ぜひ一個でも二個でも作ってみてほしい。丸柚べしを作っている地方は多いと思うが、多くはみそと柚子の組み合わせ、餅粉を使う甘みの丸柚べしもあるし、ご存じの方が身近にいる場合は直伝の方がよいと思う。

私のは八丁みそと柚子の組み合わせである。柚カマの中に八分目ほど酒とみりん少々でゆるめた八丁みそを詰め、ふたの部分をのせて一時間ほど蒸す。柚子が透明になったら蒸し器から取り出し、形を整えて二日ほど風にあて、それから和紙に包んでテルテル坊主のように頭を結んで軒先につるす。で、立春まで風干しして取り込む。それをごく薄切りにして、抹茶や酒のさかな、懐石料理の八寸に山のものとして使ったりする。

これだけのことだが、冬至に作り立春まで置くことが、ひとつの生活のサイクルにもなる。この冬は、柚煉《ゆねり》も少々作ってみた。ただ、細かく刻んだ柚子の皮をちょっと水煮して柔らかくし、あとはとろ火で水あめを加えて煉りあげるだけ。私は最後にみりんを加えて照りをつけるが、お抹茶をいただくときに口にするとおいしい。

市場が好き

（1987年8月12日）

久しぶりで夕方の市場に出かけた。

少し前までは、敗戦直後の青空市場そのままに、小さな店がひしめくように並んでいたところに、はやりの駅ビルが建って、市場はビルの地下に入ったが、同じフロアに入っている大手スーパーの食料品売場とはガラッと変わった雰囲気を保っている。

夕方ともなると、なるべく売り切ってしまいたい品物を抱える店は活気に満ちてくる。魚屋さんの威勢のいい呼び込み、山菜おこわとか焼きまんじゅうを売る店まで、盛んに安売りを叫んでいる。貝屋さん、八百屋さんも残り少なくなった品を山積みにし始めていた。

私にとっては、みんな、バラック建て時代からのなじみの店である。この夕方の活気の中を歩くのが、私は好きで、家族のいるときは週に何度も買い物にきていた。

その日、私のお目当ては貝屋さんのムール貝ともずく、それとアサリのむき身であった。買い物に出たのも、ムール貝のバタ焼きが食べたくなったからで、アサリは次の日に卵《う》の花をいためるつもりであった。もずくは貝屋さんにいけばいつでも買う一品だ。新鮮なもののあるいい店なので、もう何年もの付き合いである。

ムール貝を食べるつもりで、缶詰のビーフコンソメを使ってゼリースープを作り、冷蔵庫に入れてきた。野菜はトマト、パンは焼いたばかり。デザートは抹茶のアイスクリームの頂き物がある。

近所に住む妹を呼んで夕食を一緒に、などと考えながら、ぽかんとした顔で魚屋さんの前に立っていたら、「ねぇ、お母さん、イワシ持っていってよ、百円だよ」と声をかけられた。山盛り百円とは、イワシが気の毒になって「じゃ一皿」というと、いきなり二皿分を袋に入れて「おまけだよ」と魚屋さんは片目をつぶった。

さあ大変。大急ぎで帰って百円でナベいっぱいの時雨煮《しぐれに》を作ったら、それも食べたくなった。ごはんを炊いたり、和洋とりまぜの献立に変更。

これだから家での食事は面白い。

健康への努力

（1988年1月20日）

畳の数でいえば四畳半ほどの土を耕して、私は葉っぱを作っている。今は小松菜と春菊にチンゲンツァイが、それぞれ五、六《チセン》ほどの丈で、みどりの美しい色をみせてくれている。

冬の朝はおかゆがおいしい。そのおかゆの青みに、「私の畑」の菜っぱたちを使いたくて、花より菜っぱという気持ちで野菜作りをしている。

私のおかゆは牛乳がゆで、白いおかゆの中に、とりたての菜っぱを浮かすと本当に美しい。とくに若葉の色は格別である。

ずっと以前にこのコラムでご紹介したことがあるが、女子栄養大学の香川学長は、米寿を過ぎた今も、髪は黒く、新聞も眼鏡なしで読まれるという。いつお会いしても、お元気なこと、そしてニコヤカにしておられるのを、私は見事だと拝見している。栄養学を、身をもって実践していらっしゃるのだと思うからである。

その先生が、朝は牛乳がゆを作って召し上がっている、とお聞きしたので、せめて朝食だけでもと、先生のまねをしている次第だが、私のはおかゆというより牛乳ぞうすいかもしれない。

初めはお湯を少し入れて、ごはんを軟らかく煮る。ごはんがおかゆ状になったら牛乳をたっぷり加え、よく作りおきしてあるニンジンのグラッセとか、サツマ芋のふかしたものなどを小さく刻んで入れ、ワカメなども入れる。塩味はごく薄く、卵一個を割り入れ、青みを浮かす。

これで基本的な栄養のバランスはとれていると思うので、ほかはあまり気を使わずに、鮭《さけ》の切り身をほぐしたものとかちりめんじゃこ、牛肉のショウガ煮など、それぞれ自分で塩を加減して作ってある保存食を、食べたいものだけ出してお膳《ぜん》に並べる。今は果物も豊富で食後がまたうれしい。

一日の歩み出しのとき、しっかり食べる習慣をつけてよかった、と、自分の健康に感謝しているが、菜っぱ畑も健康づくりの一端である。

迷惑な客もいる

（1989年8月22日）

友達が、いきつけだというビストロに招待してくれた。インテリアも落ち着いた雰囲気で、品位のある店であった。しかも気楽にくつろげる好もしさがあり、音楽も、話のじゃまにならないように、よく気配りされていた。

ちょっと食前のお酒でも、と、リストを見ていたとき、子連れのおばさま数人が入ってきた。子供は二人で、「ワー、ぼくこのおイスがいいな」とか、「おばあちゃん、ミーちゃんはラーメンがいい」とか大声で叫び出した。孫とおばあちゃんなのか、と思いながら、今までの静かな雰囲気が急に変わってしまったので、私もつい新客の方に目をやってしまった。

すると、黒いチョウネクタイをしたボーイさんが近寄っていき、なにやら小声でささやいた。

「へェ、子供は入れないっていうの？　子供だってお客ですよ。孫を連れて入ってはいけないって規則はないんでしょ？」

一人のおばさまが憤然としてボーイさんをにらみ、連れに向かって「こんな子供に静かにしていろといっても無理よね。子供はお断りなんですってさ」と、まったくけしからんという態度で言った。

値段はそこそこで、おいしい料理を食べさせる店だという評判だから、裕福らしいおばあちゃまが孫にも食べさせたくて連れてきたのであろうが、訓練のできていない子供は、やはり他の客の迷惑になることもたしかだ。さんざん文句を言って出て行った御一行を見送りながら、きちんとしつけをしていない子を連れての食事には、よほど店を選ばないと子供にもかわいそうではないかしらと、私たちは話し合った。

あのおばあちゃまの身勝手な理由は子供と同じだから、断られた意味は通じなかったであろう。まだ最小限のマナーさえわからない幼児を、そのような店でおとなと同席させるのは、いくら孫がかわいくても無理な話だと思う。「子供だって客でしょう」というお金にものを言わせるような態度には、私もしらけた気持ちになった。

老後もかわいく

（1989年9月5日）

輸入雑貨を扱っている店で、ポンズのクリームを見かけた。姑《しゅうとめ》が生きていたころは、敬老の日に、きまってこのクリームをプレゼントしていたことを思い出した。ほかに、粉おしろいとほほ紅、口紅など愛用品をセットにしてありあわせの箱に詰め合わせた。最晩年までおしゃれを楽しんでいた姑は、レモンで顔を洗い、クリームをたっぷりつけてマッサージをしていた。不精者の私は、姑に勧められても、面倒くさくてマッサージなどしたことがなかったし、今もそうである。

久しぶりに姑の愛用していたクリームをみつけて、九十歳を過ぎてもこういうものを「嫁」であった私からプレゼントされて喜んでいた姑をやっぱりステキな人だったな、と改めて考えさせられた。

実は私の身内の年寄りに、まだ八十代に入ったばかりというのに、もう、人生何

もかも面白くなくて、子や孫から何かプレゼントされてもさっぱり喜ばず、

「こんな年寄りに新しい洋服なんてくれても、かえってしわが目立つだけだよ」

とか、孫から食べものをもらっても、

「年寄りはたいして食べられるものじゃないから、無駄なお金を使うんじゃないよ」

という具合で、まわりのものは「おばあちゃん、もう少しかわいい態度すればいいのに」といっている。それでも娘たちは、

「お母さんは、ずいぶん姑の苦労をしてきた人だし、私たちを育てるのに自分のことなんか考えないで年をとってしまったので、かわいくなれないのよね」

そういって、いたわっている。敬老の日にどうして喜ばせようかと家族はいつも困ってしまうという。たしかに、苦労が人の気持ちをねじ曲げてしまうことはあるだろう。喜びさえ素直に表せない性格を作ってしまうこともあろう。けれども、苦労すればするほど、自分を大事にして、生活の楽しみ方に磨きのかかる人もいる。せめて、人の好意には素直に喜びを表したいものだ。

4 一九九〇年代

平成2年～平成11年

現代病いろいろ

（1990年6月19日）

以前、テレビでサラリーマンの「出社拒否症」というのを見たことがあった。登校拒否の子供のように、どうしても職場に出ていけない心を病むお父さんたちが増えているということで、病院で治療を受けている中年男性たちの姿を映していた。

ところが、今度はある雑誌で帰宅恐怖症というお父さんたちがいるという話を読んだ。多かれ少なかれ、男には、職業人から家庭人に戻る間に、一杯飲んで抽象的な人間、あるいはただの男になる時間を求める傾向があると思う。これはその願望が強い場合なのだろうかと私は思った。が、たいへん分かりやすく、妻に収入の少なさや出世に縁のないことを愚痴られたり、子供の難しい問題を一気にまくしたてられたりすることが理由としてあげられていた。そういう妻との付き合いが面倒で、逃げているうちにカプセルホテルを転々として家に帰れなくなる夫もいるのだそうだ。

帰宅恐怖症の理由はいくらでもあろうが、要は自分を律しきれない弱い人たちなのだろう。しかし、逃げているだけではどうにもならないではないか。この世代の男は家庭人としての教育を受ける機会もなく家庭を持ち、親になってしまって、「家のことはお前に任せた」ですませてきた。それに比べて多くの女たちはどんどん変わってきた。伴侶には協力者としての対等な生き方を望み、だんだんにそれを実現してきた。経済的にも自立を目指し、家庭に必要なものは夫に協力しようとしてきた。

そういう変化に気付かず、あるいは気付こうとしないで、自分を変えずにきた男たちが、家の中に自分の居場所がなくなったように思うのは、気の毒ではあるけれど、あえて言えば、家庭人としての自分をとことん考えるところにきていると言えるかもしれない。

帰宅恐怖症などと甘えていても解決しない。

妻たちにも神経症が増えているそうだが、モノの豊かさの中で心貧しく病むのが
現代病というのだろうか。

当世青年気質にア然

（1991年7月16日）

早朝、手紙を出しにポストへと急いでいたら、いきなり私の前で自転車が止まった。

「ねえ、おばさん、おばさんみたいに太りたいんだけど、どうしたらいいか教えてくれない？」

二十代に見える青年だが、知らない人だった。驚いて、まじまじとその青年を見たが、私よりしっかりと太っている。

「どうしてそんなことというの。あなただって、太っているじゃないの」

「うん、からだは太っているけれど、顔がさ、ホッペタがこけているだろう？ おばさんみたいな、丸い顔になりたいんだよ」

今はソース顔だかしょうゆ顔だか、とにかく、細い顔がはやりだそうではないか。

彼がそのどちらにもあてはまらないような顔であることは確かだが、お望みの丸顔であることは間違いないのに、何で私のような見ず知らずのばあさんにそんなことをいうのか、いささか警戒心を持って私は身構えながら言った。

「どういうわけか知らないけれど、顔だけ丸々と太る方法なんて私は知らないので、お医者さんにでも聞いたらいいでしょ」

すると彼は泣きそうな顔で言うのである。

「彼女のママが言うんだってさ。僕のことを、バランスの悪い体をしているって。体はガッチリしているのに、あの頬《ほお》のこけ方は普通じゃないから気をつけろって。それで、結婚申し込んでも駄目かと思って」

朝っぱらから、そんな話を聞いている暇はない、と私はゆううつになったが、彼にとっては深刻なことに違いない。顔が丸くて白髪頭の太ったおばさんに出会い、気を許してそんなことを言う気になったのだろうか。しかし、今の若者が、そんな弱虫なのかと、マスコミに伝えられる気の弱い男の子の姿を初めて身近に見た思いがした。

東京など、大都会の大学に息子さんを送り込んでいる親後さんたち。どうぞ、息子さんにしっかり生きることを教えていただきたい。

肉ジャガ

（1991年10月1日）

今では「肉ジャガ」といえばだれもが知っている料理になっているが、もともとは牛なべの残り汁でジャガイモを煮たとか、食べ盛りの子どものいる家庭の「すきやき」に、あらかじめゆでておいたジャガイモを入れて量を増やす、といったような家庭のやり繰りの姿をうつしたおかずだった。

私なども、食べさせる家族が多く、食費にそれほど予算のとれない時期には、三日にあげず、ジャガイモと玉ネギ、ニンジンを材料におかずを作っていた。味出しにこま切れ牛肉を入れた煮ころがし風や、骨付きぶつ切り鶏を入れて牛乳を加えたミルクシチュー風、豚の三枚肉を加えてみそ汁に仕立てた豚汁風と、ジャガイモ、玉ネギ、ニンジンがあれば、若い人たちにたっぷり食べてもらえる一品がすぐできるので、常備しておいた材料だった。

働く主婦が多くなり、家庭であまり料理を作らなくなったことと、たとえば肉ジャガのような本来家庭の味が、みんなが気軽に飲食出来る店の一品料理として定着したこととは関係があるのだろうか。肉ジャガをよく家庭で食べていた人は、学生やサラリーマンとして一人暮らしを始めると、自分で作るのは面倒だけれど、時々、無性に食べたくなるそうだ。だから豚汁とか肉ジャガが、いり卵やオムレツのような、どこの家庭でもよく作る総菜ものは、小学生のころから、男の子にも女の子にも、きちんと作れるように教えておいてやりたいと思う。一人暮らしを始めたときに、食べたいものを作れるのは生活力の一つだと思うから。

買い物帰りに立ち寄った近所の奥さんが、明日は息子が帰ってくるので肉ジャガを作るのだと、材料をいっぱい自転車の荷台にのせていた。寄宿舎のある隣県の高校に入った息子が、土日に帰ってくると、大なべに作った肉ジャガを、ほとんど一人で食べて行くのだと笑っていた。「ママの肉ジャガは天下一品だ」とおだてられて作るのだともいっていたが、うれしそうな顔だった。

手洗いの良さ

（1992年3月3日）

ここ数年、絹のブラウスやYシャツ、ブルゾンなどを身につけるのがおしゃれだといわれ、下着やパジャマも絹を着る人が増えたといわれる。何を着ようと自由だが、洗い方も知らずに絹の肌着など身につけて、ドライクリーニング代が大変だとこぼしている人がいる。

絹といえばドライクリーニングというのが常識のようだが、ブラウスなど淡い地色のものは、何度かクリーニングに出すうちに、くすんでくることもある。私もスーツ下に白いブラウスを一枚持っているが、白は一度着ると襟やカフスのあたりがうっすらと汚れるので、ベンジンぶきをするか、続けて二、三度着て、クリーニングに出す。が、数回のドライクリーニングのあとは手洗いをすることにしている。

絹やウール専用の洗剤で洗うのだが、ドライでは落ちない食べこぼしのあとや、汗のあとなどでくすみのできた布が、すっきりきれいになる。ぬるま湯に洗剤を入れてよく溶かしてから洗濯するものを入れ、振り洗いをする。襟やそで口は両手でたたきながら汚れを押し出す。もみ洗いは絶対にしない。すすぎも同じくらいの温度のぬるま湯で、二回か、三回。洗面器の三杯くらいの大きさのプラスチック桶《おけ》で洗うが、ガス湯沸かし器でほどよい温度のお湯を作ると簡単だ。

すすぎ終わったら絞らずにハンガーに掛け、襟、前立て、カフスなどの形を手で整える。タオルを裏と表からあてがって水気を取ると、乾きも早い。日陰干しにして、半乾きのうちにアイロン仕上げをする。スカーフや薄地のウールブラス、セーターなどにも通じる洗い方だ。セーターはバスタオルで巻き込んで水気を取り、形を整えて干す。ウールや繊細な仕立ての化学繊維のブラウスなどは仕上げ剤を使う。

冬物をしまう季節を迎え、クリーニング代の予算と考え合わせて手洗いも考えたい。

ゴボウの白和え

（1992年8月11日）

このところ出歩くことが多く、すっかり日やけした。加えて、汗をかいたのが引き金でパッと湿疹《しっしん》が出て、真っ赤な顔をしている。訪ねてきた妹二人が、「少しファンデーションでも塗りなさいよ」といったが、「この顔に白く上塗りしたら、それこそ〝ゴボウの白和え〟じゃない？」と、私がいうと妹たちは「感じが出るわね」と笑った。昔の人はうまいことをいった、と自分で言いながら感心した。白粉《おしろい》の下に地肌が見える化粧下手か、何かの事情で地肌を隠したい人への、いたわりのないいじめなのか、あるいは、いくら厚塗りをしても上塗りだけでは隠しきれないという戒めだろうか。ともかくうまいたとえだ。

私が口に出した「白和え」から、姉妹三人が、言い合わせたように「食べたいね」と言い出した。

このごろ、一見白和えみたいなゴボウのサラダが流行だが、これは私もよく作る。せん切りゴボウを塩と酢を入れた湯でよくゆがき、冷やしてからマヨネーズで和える。程よい歯ざわりを残して、やわらかくゆで上げるのがコツ。私はマヨネーズにすりゴマを少しまぜるが、ゴマとゴボウは相性がいいからだ。酢煮にしたゴボウは白くなり、必ずしも「ゴボウの白和え」の感じはない。

年をとってから、私はミキサーを使って和え衣を作ることを覚えた。水切りした豆腐とあたりゴマ、材料の野菜を下煮した煮汁、塩、砂糖などそれぞれの適量を全部いっしょにして、一気にミキサーにかけて和え衣を作ってしまう。

こんにゃく、野菜類、果物など、白和え向きの材料を下ごしらえしておいて、食べる寸前に和えるのが一番おいしい。白和えの衣にちょっとスダチやレモンのしぼり汁を加えた白酢風の和え衣で味をかえたりもする。

豆腐一丁分の和え衣を作ってしまったために、私と妹たちは二日間白和えを食べたが、あきなかった。

敷紙の効果

（1993年3月2日）

釧路に住んでいる友人から、地震の体験談をきいた。そのうちで、ぜひどなたにもお知らせしたい話が一つあった。

その友人は、地震の被害の後片付けをしながら、思いがけない発見をしたという。食器戸棚には、かねてから倒れ止めをつけておいたが、倒れなくても、両開きの戸がついた部分は、ゆれているうちに食器がずれて戸を押し開いてしまったため、ばさっと飛び出した分は全部壊れて、段ボール箱二杯分も捨てなければならなかったとか。ところが、引き違いの戸がはいっている戸棚は、戸の両側が少しずつ開いた程度で、中のものは助かった率が高かったそうだ。

発見というのは、両開き戸の棚に、大切にしていた皿をいれてあったのは、傷が付くのを心配して、重ねた間に一枚ずつ和紙を敷き込んであったのが効果に結びついたのか、みんな助かったとのこと。つまり、紙一枚が滑り止めになって、揺れたけれども倒れなかった戸棚に残ったということらしい。

「ガラス器は、いいワイングラスが割れちゃって、どうせもいいのだけ残ったけれど」と笑っていたが、これはいいことをきいたと思った。

実は私も、皿はもちろん、茶わんや小鉢などにも、重ねて収納してあるものには、みんな荷造り用の薄い発泡スチロールを挟み込んでいた。ただし、私は食器のぶつかる音に弱く、音を避けるために懐紙とか発泡スチロールを敷き込んでいるだけのことであった。友人の話をきいてから、小皿の五枚ぞろいなどを重ねてあるのを、ちょっと横から押してみたり、板切れにのせて揺すってみたが、たしかに、敷紙があるものの方が安定している。

私は、グラス類は棚紙の上にタオルを敷いて伏せて収納しているが、棚紙も滑り止めに役立つ質のものを使えばより効果的かと考えたりした。

音への考慮でしていたことが、地震のときにも役立つと教えてもらったのは私にはありがたかった。

夫婦別姓

（1993年12月7日）

結婚すると、女は夫の姓を名乗るというのが常識であった日本にも、このごろは夫婦別姓の事実婚とか、夫の姓に改姓しても仕事の関係でもとの自分の姓を名乗っている、という例が多くなっている。私の身辺にも別姓で暮らしている人も何人かいる。

私も改姓はしたが、仕事の上ではずっと旧姓で通してきたが、今までは特別に不都合なこともなく過ぎてきた。

もっとも、地方の町や村に講演などの依頼で出かけると、私の仕事は女が受け持つ分野のことばかりなので、村長さんとか町長さんのような方々には何をしている女だかよくわかっていただけなくて、根掘り葉掘り、身上調査のような質問を受けることが多い。

たまにだれかが私の亡夫の名をいって、その人の奥さんだと説明してくれると、

「そうすると、籍が入っていないということだな」

と、ジロリと講師の値踏みをするような顔で私を見る、というようなことにもぶつかった。

何度かそんな経験をして慣れっこになった私は、たまには、

「控え室でお話ししていましたら、町長さんは身辺調査がお好きのようで、私が夫の姓を名乗っていないことにご関心が深いとお見受けしました。私は結婚前から仕事をしていましたので、旧姓で仕事をした方が便利なのです。改姓は戸籍上だけですが、こんなこと、個人の自由なのでこのまま一生つづけます」

と、演壇から自己紹介の時、つけ加えたりしたこともあった。

このごろ、自分がぽっくり死んだとき、不都合なことが起こるかもしれないと考えたりするようになった。仕事上の名義の預金通帳などもそのひとつ。原稿料などいやおうなく銀行振り込みだから、どうしてもその名義の通帳が必要であった。そのほかにもいろいろある。

生きている間は理由もいえるが、死後にめんどうなことが起こるのはいやだ、だんだんに夫婦別姓や通称の姓を名乗る人も増えていくだろうから、世間もこういうことを当たり前に受け入れる方向にいってほしいものだ。

夫婦

（1994年6月21日）

東京の下町生まれ、さんざん道楽をした果ての頭《かしら》が

「年をとったら女房の悪口をいっちゃいけません。ひたすら感謝する。これは愛情じゃありません。生きる知恵です」

と、しみじみ語った言葉として、永六輔さんの著書「大往生」の中に書かれていた。老いを語る言葉を集めた章の中にあったのだが、読みながら私は、多分こんなことをいう老いた頭は、いなせな江戸っ子で、若いころは色街の女たちにも人気のあった人なのだろうと想像した。老いても、なかなか魅力のあるおじいさんなのかもしれない。そんな人が、おそらく大まじめで、老いの暮らしの知恵を語ったのだろう。全く知らない人だから、私は勝手な想像を楽しみながら、この言葉を味わった次第である。そして私の友だちを思いだした。

最晩年まで親しくしていたその友達は、幾度かの、連れ合いの浮気を知りながら知らぬふりで、こんなふうに言っていた。

「うちの人はねえ、私がいるから安心して浮気をしているのよ。帰る家庭がなかったら、糸の切れた凧みたいになってしまう自分を、あの人はよく知っているの。外で相手にされなくなったとき、大きなおきゅうをすえてやるわ」

もしかすると、永さんの本の中で語っている頭も、私の友だちのような奥さんが、しっかりと家庭を守ってきたのかもしれない。

私の友だちは、おきゅうをすえる前に、ある日コロリと亡くなってしまった。残された連れ合いは何ひとつ手につかず、ぼう然としていたが、訪ねて行った私の前で、声をあげて泣いた。私は慰めようもなく、友だちのあまりにもさっぱりとした死に、悲しみより先に、私もあやかりたいと思った。一年後、連れあいも後を追った。

永さんの本に出て来た頭の話にしても、私の友だちのことにしても、女のシンの強さのようなものが際立っている。どっしりと家庭に腰をすえて自分を変えない、そんな強さもあったのだな、と考えさせられた。

平凡という幸せ

（1995年2月7日）

　阪神大震災の数日後、私も参加しているあるグループの新年会があった。神戸の中央区や東灘区に住む人、芦屋に実家のある人などメンバーの中にいて、みんな心配していた。神戸と東京を行ったり来たりの生活をしている人は、たまたま神戸の本宅にいて地震を体験したという。家はつぶれなかったが、もう家じゅうひっくり返っていて、とてもすぐに住める状態ではないという。芦屋の人も、一族が同じ地域に住んでいるので、みんなが被災者だから本当に大変、と心配していた。

　私もあの地震の日は、終日テレビの前から離れられず、刻々と知らされる災害のひどさに、ただ驚いているだけであったが、神戸でそれを体験した人は、映像では分からないのだと教えてくれた。においとか汚物、道はとがったガラスが敷き詰められたようになっている恐ろしさ、そんなことは分からなかったでしょう、と言った。家の中でも、暗やみで何がどうなっているのか、ベッドから落ちないようにつかまっているのが精いっぱいで、収まってから懐中電灯をつけたら履物がなければ怖くて歩けなかったそうだ。これからはベッドの下に靴を置くのを忘れまいと思ったという。

そんな話を聞きながら、おいしいごちそうをいただいていると、申し訳なさで胸が詰まり、グループとしてお見舞金を送ろうとみんなが言い出した。本当に、被害を受けなかった土地には、平穏で、普通の生活があることを実感した。それだけに一層、じっとしてはいられない気持ちになった。

私の属している他のいろいろな会でも義援金を送ろうとの呼びかけが起こっている。みんな、何かしなければいられないのだ。

今度の災害で私が一番身にしみたことは、家族が同じ食卓で食事をするとか、自分の寝床があり、毎日入浴できるといった、ごく普通の生活が、どれだけありがたいかということだった。

そういう幸せは忘れているのが、普通の暮らしなのだとも思った。

50年前の日記から

（1995年9月19日）

戦後五十年を機に、さまざまな分野の人たちの、昭和二十年、特に八月十五日前後の日記を集めた本がかなり出版された。その中の三冊に、私の日記も採用されている。

「帰れたら、留守中のことを知りたいので、見たこと聞いたこと何でもいいから書いておいてくれないか」

と、当時は仕事の助手をしていた私に、後に結婚することになった夫が、兵隊として出て行くときに言い置いていった。私は日記の形で空襲下の東京の生活の様子を書いていた。鉄カブトをかぶったまま、空襲警報が出ていても眠りこけてしまったような日々の中で書き続けたものであった。

偶然のような幸せで敗戦間もなく帰れた夫は、私の日記を編集し、小さな本にまとめた。それが今回も三冊の本に採用された元本である。

あの八月十五日の自分の日記をあらためて読んでいるうちに、そう、こんなこともあったと思いだしたのは、銀行が払い戻しを停止するだろうという町のうわさに、銀行に駆け付けた人が多かったことが書いてあった。私も二千円ほどの預金をすべて払い戻しを受けたとある。当時、出版社に勤めていた私の月収は百十五円であったので、一年以上の生活費であったはずだ。預けておいてもどうなるのかわからなかったから、一応現金で持っていたかった。

あのときとは全く違う理由だが、図らずも今年、東京のさる金融機関に、どっと押しかけた払い戻し請求の預金者のことがマスコミをにぎわせた。

この五十年、こんな話はきかなかったのにと、たとえ一金融機関のことにせよ、いやな気持ちにさせられた。金融界全体にも、不安のうわさが全くないとはいえないようだ。

ささやかな「とらの子」の安全を願って預金する者は、そんな不安なうわさに敏感である。

　五十年前の日記の中の自分の姿を思いだし、改造内閣には、まともな貯蓄に励んできた庶民に、不安を与えることのないように早く手を打ってもらいたいと思った。

プラス思考

（1996年12月24日）

プラス思考という言葉がよく使われているこのごろだが、先日、「おばちゃんは、絶対に長生きするよ。全くのプラス思考人生だからな」親類の高校生からそういわれた私は、たとえば私のどんなところがプラス思考と感じられるのかときいてみた。

「だってさ、うちのパパなんかおばちゃんの年からみれば半分くらいだよね。だのに、年中胃がおかしいとか、来年は商売がうまくいくだろうかとか、ぼくが私立の大学にいくとしたら、学費の蓄えは足りないだろうとか、心配ばかりしているけれど、おばちゃんは、一人暮らしの老人だし、うちだってボロだし、年金では地代もはらえないいんだってね。だけどあんまり心配してないんでしょ？　パパとママがよく話しているよ。おばちゃんお金持ち？」

なるほど、そういうところがプラス思考なのかと笑い出してしまったが、若い子はいち早くこういう流行のことばを使いこなすものだと感心した。

プラス思考が長生きの原因だとその子がいうのは、先ごろ話題になった本の影響らしい。ものごとを明るく考えれば、からだの中にいい物質ができて、それが病気を吹き飛ばしていくのだというような、だれにとっても、ありがたい理論の受け売りらしい。私はまだ読んでいないのだが、いつも胃の痛い父親のいるその子の家庭では「早速ママが買ってきた」そうだ。

たしかに、暗く暗くものごとを考えていくと、生きていくのがいやになる。私をプラス思考の人生だというその高校生は、勉強が嫌いで、数学以外はみんな嫌いだという。

「じゃ、学校やめて、数学を生かして働くことを考えたらどう?」

前に私がそんなことを言ったとき、そうか、そういう考え方もあるのか、という表情をしたその子は、近ごろおぼえたプラス思考という言葉で、自分の進路を考えているといっていた。どんな考えかきいてみたいものだ。

ひとつの老い支度

（1997年8月12日）

「老い」の問題は、若い人の立場からは常に介護の点にしぼられる。が、自分が老いた者の立場にたってみると、万一に備えて身辺のだれに後事を託すかをめいめいの事情に従って、しっかりときめて書類にしておく必要があると思う。それは子どもがいても、あとで面倒なことが起こらないようにしておくべきだということだ。最近、三カ月ほどの間に、私は弟と妹を続けて失った。弟の死は、家族も知らぬ間の突然の死で、弟の連れあいが「食事ですよと知らせにいったら、部屋で死んでいたんです」というほどの本当の突然死だった。電話で知らされた私は、不謹慎だが「うらやましい死に方だ、私もそうありたい」と、真っ先に思ってしまった。残された者はさぞ慌てたであろうが、本人にとっては、多分、望んでいた死に方であっただろう。

弟には一人子どもがいるし、妻も元気でいるから、安らかに旅立ちができたであろう。が、私のような一人暮らしで子もいない者には、考えておかねばならないことがあったと気が付いた。近くに住む妹やおい、めいたちには口約束でいろいろなことを頼んでいるが、やはり、公的な書類にしておかなければなるまいと思った。書類作りの内容や形式など、弁護士さんに相談して作り、保管もお願いすれば一番確実だと、早速とりかかっている。

人の思い込みというのはおかしいもので、私は、下の妹に後事を託して安心していたところが、続けて亡くなったのはその年若の妹で、何かにつけて頼りにしていた上の妹と私は、年上なのである。いつどうなるかわからない、そういう心配をしなかったのは、年の順とばかり思い込んでいた愚かさの誤算であった。

財産と言えばボロ家だけだからと思っていたが、権利の継承とか売却などにも、確かな書類がなければ後事を託された者はやりにくい。ふだん法律などとは無縁に暮らしている気でいたが、自分ののんきさにあきれている。

いなりずしの思い出

（1998年2月3日）

「久しぶりにキツネずしを作ったので、孫に持たせます。召し上がってね」

キツネずしとはいなりずしのこと。若いころよく訪ねた友人の家には、庭に小さなお社があり、おいなりさんがまつってあるときいた。友人のお母さんはとてもきれいな人だった。いつも地味な着物を着て、キリッと帯を締めていた。その美しい顔がなんだかキツネに似ていると思ったことがあった。庭のおいなりさんのせいだったと思う。下町で繁盛している袋もののお店の別宅だときいた。谷中の墓地に近い坂の中途にあった家で、お父さんには会ったことがなかった。

ある日、友人のお母さんはキツネずしを作って食べさせてくれた。ゴマの入ったお酢ご飯がとてもおいしく、薄味の油揚げが何ともいえず品のいい感じで、外で食べる「おいなりさん」とは違っていた。私の母は作ってくれたことがなかった。

戦争中、地方に移り住んだ友人の消息はいつか絶えた。一昨年、思いがけなく電車の中で出会い、住所や電話番号を告げ合った。

その友人から、突然キツネずしを届けると電話をもらい、私はそわそわして待った。おすしを届けてくれた青年は大学院に行っているといった。たまたま、私の家の近くに住む予備校時代の友だちのところにきたことがあったとかで、迷わずに来たそうだ。

「おばあちゃん、近く入院するので、キツネずしを作るのも最後かもしれないといっていました。でも、気分は元気ですよ」

病気については何も話さず青年は帰っていった。私もあえて聞かず、三つほど年上だったと、友人のことを考えた。

キツネずしはお母さん譲りの味だった。ただ、ご飯にユズの表皮が刻み込んであるのだけが違っていた。

電話をもらったとき、私は、なぜ突然におすしを届けてくれるというのか、何も考えなかったが、入院と聞いてはっとした。

友人のいろいろな思いが私の胸にも響いてきた。

さやえんどうの花

（1999年1月11日）

年の瀬に、毎年の例で長いつきあいの大工さんが来て、雨樋《どい》にたまった落ち葉の掃除や、家の内外の調子の悪いところを直してくれた。

草花が好きな人で、自宅の庭に温室を作り、いろいろなものを育てているという。両親の出身地は出雲崎で、まだ古い家はそのままにしてあり、ときどき、風を通したり、手入れをしに帰るのだという。

私の親類の家では先代からのつきあいで、その紹介で私も仕事を頼むようになったのだ。昨年の夏「月下美人」の一鉢をもってきてくれて、

「花を見終わったら持って帰って、うちで冬を越させてまた持ってきますから」

と、手入れのことは心配するなといってくれた。今は大工さんの家の温室で、春を待っているだろう。本当に親切にしてもらっている。かわりに持って来てくれた

鉢植えのさやえんどうが、日当たりのいい、風を避ける場所に置いたせいか、白い花がいっぱい咲き出し、よく見ると小さなさやも三つほどついている。そのうち、みそ汁の青みにでも使えそうだ。

こんなつきあいをしていると、本当に親類のような気になって、

「リフォームの無料相談に来ましたが、家を修理したいところはありませんか」

などと、勧誘の人が来ても、

「うちではそういうことは親類に頼んでいるので結構です」

と、ごく自然に口に出てくる。

血のつながりより、気持ちのつながりを一番大切にして生きることは、夫から教えられた。私にもその方が性格に合っていたせいか、一人暮らしになっても、たくさんの親しい人がいて、いいお付き合いがあり、みんなに助けられている。

なまじ血縁だということで寄り掛かるところがないから、かえってさわやかな人間関係を保つことができるのかもしれない。

さやえんどうの花を見ながらそう思った。

5 二〇〇〇年代

平成12年～平成21年

失われていく家々の味

（2000年2月28日）

赤飯にゴマ塩、納豆にはネギとカラシ、といった定番の薬味があるように、それぞれの家庭には定番の組み合わせがあるものだ。

私の家でも、いくつかわが家風の組み合わせがあった。たとえば、湯豆腐というと、もちろん、きざみネギはつけたが、他に、ユズみそ、フキみそなど、その季節の香り野菜をまぜた練りみそをつけたり、からいものが好きだった夫の注文でトウガラシみそなど。

小鉢に盛って湯豆腐なべのそばに並べると、何となくごちそうめいて豪華に見えたし、真冬のころはタラを入れて「タラ豆腐」にすると、もう一つ、紅葉おろしが増えた。大根と赤トウガラシのタネ抜きをすりおろした紅葉おろしである。こういう組み合わせだけではなく、昨日の料理の残りを利用して別の料理にする、という一種のルールのようなものが、家々の味のふるさと、といったものになっていた気がする。

わが家の場合、すき焼きの次の日には、必ず「うの花いり」を作った。すき焼きのおいしい煮汁をわざと少し残して、お湯をさし、なべについた汁をきれいにとって一度こし、次の日のうの花いりに使う。新しい野菜を使って、全く新しいおかずになるし、すき焼きの翌日には「うの花」だと、家族は暗黙のうちにわかっていた。

お向かいの谷川俊太郎さんのお母さまに、「活《い》きガレイなどを煮た汁で、翌日うの花いりを作るとおいしいので、ためしてごらん」と教えていただいたことがある。実際に、ネギをたっぷり入れたカレイの煮付けで味付けしたうの花を食べさせていただいたが、とてもおいしかった。これも谷川家のおかずサイクルのうちだったのであろう。

こういう、お総菜文化のようなものも、どんどん崩されていくことを感じる。昨日も、近所の店に「おから」を買いにいったら、「面倒でね、おからは豚のエサに持っていってもらうことにしたので、ないよ」と言われてしまった。ちょっと寂しかった。

梅干しのおにぎり

（2000年9月25日）

夫がいなくなってから、私は梅干しもラッキョウも漬けなくなった。一人では漬けてもたべきれないし、毎年たまってしまうので漬けなくなった。そのかわり、梅のジュースや赤シソのジュースは少し作っていたが、作り方を教えた若い人が、何でも上手に作り、作ったものを分けてくれるようになった。それで十二分に足りる。

水戸の友人の家には、よく実のつく梅の木が何本もあるそうで、毎年、自家製の梅干しが届く。ありがたいことで、今は身辺の人の好意で、いろいろな地方の梅干しが味わえる。

私は、炊き立てのご飯で梅干しのおにぎりを作るのが好きで、海苔《のり》もいらない。ぜいたくの限りをつくした人が、一番うまいものは、手をやけどしそうな熱いご飯に梅干しを入れたにぎりめしだといったそうだが、私は、ぜいたくを知らない子どものときから梅干しのおにぎりが何よりも好きだった。

一人暮らしを経験した人ならご存じだろうが、一人前のご飯を炊いてもおいしくない。せいぜい三カップは炊きたいので、茶わん一杯だけ食べた炊き立ての残りご飯は、すぐ小さな梅干し入りのおにぎりを作ってしまう。二個ずつ、ラップに包んで熱がとれたらすぐ冷凍してしまう。冷蔵より、冷凍しておいた方がおいしい。そして、梅干しのおにぎりが、何といってもあきない味だ。

酒好きだった夫は、よく人を招いていっしょに飲んだり、外で飲んでから夜中にみんなを引きつれて家に帰り、

「どこも店が閉まっていて、おなかをすかせている人がいるから、ご飯を炊いてくれ」

などと、もう寝てしまっている私をたたき起こした。仕方なく、炊き立てのご飯を、おにぎり用にしている軍手に塩水を含ませて手にはめ、熱々のご飯を握り、梅干しをちぎって少しずつのせ、大皿に盛って出したりしたことを思い出す。

お酒のあとの梅干しのおにぎりは、いちばんおいしいのではないだろうか。

緊張の中で

（２００1年9月24日）

ニューヨークの二つの高層ビルに飛行機が飛び込み（※）、煙が上がり、火が噴き出し、やがて崩れ落ちていく、その映像を何度テレビで見たことだろう。前日まで台風情報が気になって夜中もテレビをつけっ放しにしていたので、すっかり疲れていたときだった。

「いやなことがつづく」

と思い、これが戦争の火種にならなければいいなと考えた。そんなことを思ったのは、久しく経験しなかったような緊張感が走ったからだった。

翌日、近所に住む六十代の奥さんが訪ねてきた。いつも漬物など上手に漬けたのを持ってきてくれたり、親切にしてもらっている人だ。

「ゆうべは寝られなくなって、いろいろ考えていたら、早く死にたくなってしまった」

いきなりいうので、びっくりした。昨夜は夫婦であの映像を見ていたという。「主人が、これは戦争になって、日本も巻き込まれるかもしれないというのよ。ね、そうしたら私の息子や孫はどうなるのかと考えたの。もう、この年になって悲劇を見るのはつらすぎる。だから死にたくなったの」

私は、あまりに話が飛躍しすぎるといい、しかし、もちろん私だって悲劇は見たくないと話をした。が、事件直後に「新たな戦闘」という言葉は世界中の人々の耳に届いた。

以来、緊張のうちに時間が流れているが、宗教や、生や死への価値観、道徳観など、日本人の私には理解できないことばかりなので、何とも言えない。といって、自分とはかかわりがないのだからと、のんきに構えているわけにはいかない。せめて、多くの亡くなった方々の冥福《めいふく》を心から祈ろう。

（※）2001年9月11日のアメリカ同時多発テロ事件

これさえあれば

（2002年2月11日）

「いま、あなたが一番大切にしているものは何か」というテーマでのインタビューを受けた。ある雑誌の企画であったが、私はその企画の趣旨をきいて、ようやくそんな暮らし方に人の気持ちが動いてきたのだろうか、と考えた。お金やモノや、社会的な地位とか学歴といった、つい昨日までは一番にあげられたようなことではない。そんなものがなくても、これがあれば心豊かになれるというもの。たとえば無心に自分にまとわりつく子犬の表情に、何ともいえない安らぎを感じて、その小さないのちを自分があずかっていると思うと、生きる力がわいてくる、といったもの。

「今までの取材で、どんなことをおっしゃる方が多かったのですか」

ときいてみたら、「たとえば」として答えてくれたのがその例だった。

また、バラの花作りを楽しんでいる人は、自分では品評会に出品するようなことはしないけれど、自分の作ったバラが、賞に入ったバラとよく似ていたりすると、自分のバラを前にワインをあけて奥さんと二人で飲む。

「そんなときのあの人は、至福の時間をすごしているような顔をしています」と、奥さんが話していたそうだ。

編集者は私も親しくしている人なのでいろいろきいてみた。この厳しい時代に読者に関心をもってもらえるかとの心配もあったが、取材をしているうちに、自分たちが感動したり、反省させられるところが多く、やっぱり、この企画はやってよかったのだと思ったとか。

人と同じでないと、しあわせではないように思う生活感覚から、自分でしあわせをつくり出す能力を大切にする方向への、今を考えさせてもらったことに私は感謝した。

ガーリックバター

（2003年4月21日）

今、私はガーリックバターに凝っている。外出するときは避けるが、毎朝のトーストに使っている。しばらく忘れていた味だったが、友人の娘が、たくさん作ったからと少しもってきてくれたので、私も思い出したのだった。

ずっと以前、新橋駅前に小川軒という「西洋料理」の店があった。当時の主人、小川順さんとは、民放の料理番組が始まったころに、度々ご一緒した。小川さんはご自分の店のことを洋食屋と呼んでいたが、食通のお客がよく足を運んだ店だった。テレビの料理番組が始まったころ、私は料理番組の台本を書いたり司会をしていて、小川さんを訪ねてテレビで紹介する料理の相談をしたり、料理の試食をさせてもらったりしていた。番組のディレクターが料理好きで、しっかりした人だったので、同席させてもらった私にはとてもいい勉強になった。

雑談のとき、小川さんから肉料理に用意しておくと便利だというガーリックバターの作り方を教えてもらった。すぐに作って、わが家でステーキのソース代わりに、焼きたての肉にのせてみた。あっさりしておいしいと亡夫が喜んだので、ずっと作り置きしていたが、一人暮らしになってから忘れていたのだ。

ガーリックバターは、バターを常温で扱いやすくしておき、バターの四分の一程度のニンニクのすりおろしと、パセリのみじん切りを少し、やわらかいバターに練り込む。それをラップに包み、バナナくらいの太さの棒状にして冷蔵か冷凍にしておく。必要に応じて切り分けて使うが、私は今、フランスパンでのガーリックトーストや、ゆでただけのパスタにからめ、粉チーズをかけて食べている。勧めた人から、子どもが喜んでいるときく。

（2003年6月22日）

お別れの会で

先輩のお別れ会に出た。

六月十三日付の日報文化面に、元新潟日報編集局長の中島欣也氏の、やはり元新潟日報記者の石川宮子さんを悼む、心のこもった文章が掲載されていたが、その石川宮子さんのお別れ会であった。

私がこの「家事レポート」を書かせてもらうようになったのは、石川宮子さんによってであり、家事レポートというタイトルも、石川さんがつけてくれたものだった。

石川さんは新潟日報東京支社勤務だった。亡夫古谷綱武が十八年間連載させてもらった「新潟遠望」も、石川さんから「本社でこんな企画を立てているんですが」と、依頼を受けて書き始めたものだった。原稿を渡すたびに、細かくその読後感を書いて送ってくれたり、どうしても話したくなったと、訪ねてきてくれて感想を話してくれたりした。その手ごたえで、古谷も書くことに丁寧さを増していった。夫婦ともどもお世話になった人だ。

石川さんが見えれば、お酒の相手がほしいし、話し相手がほしい古谷は、いつも石川さんを引き留めた。家族みんなと食卓を囲み、お酒が回るほどに話は多方面にわたり、石川さんも楽しそうに酔った。

姑《しゅうとめ》が英語を教えていると知ると、石川さんは日曜日に通ってきて、会話を練習し、いっしょに外国旅行をしようと楽しみにしていたが、それは果たせなかった。そのかわり、四人で旅行したり、食事に行ったりはしていた。

中島氏の書かれた通り、まさに名刺にものをいわせる記者ではなく、人を動かす力を持っている人だった。明治生まれの女性の強い生き方を、私は石川さんの中に見ていた。数少ない先輩が、また一人いなくなった。

冷静ではいられない

（2004年11月1日）

外出から帰ってニュースを見ようとテレビをつけたら、新潟で地震があったと伝えていた（※）。時計を見ると六時三十分をちょっと過ぎている。揺れている風景を見ていると、なんだか自分のからだも揺れているようで、気が付くと東京の私の家も地震だった。テレビにはすぐ東京は震度三と出た。急いで戸を開けた。

次々に伝えられる被災地の名に、ふだんはお付き合いも薄いが、そこに住む知人の顔が思い浮かんだ。入広瀬、西山町、栃尾、三条、与板、刈羽など、テロップが出るたびに、安否をたずねたくなった。小千谷を訪ねたときの、街並を思い出したりもした。

新潟市については、さっぱり報道がなかったので、それは無事の証拠かと思いながら、親しい方の無事を確かめたくて、電話をかけたが、「ただ今、この方面への電話は大変込み合っておりますので落ち着くまでかかりにくいと思います」

何度かけても、この機械的な声が受話器を伝わって耳に響く。早く肉親の安否を知りたい人が多いのだろう。順番を譲るべきだと考えて、電話をあきらめてテレビに戻った。

友人の都合に合わせて早い夕食をすませて帰ったので、そのままテレビを見続けていた。すぐ何かの手伝いができるわけでもないのに、じっとしていられない気持ちになる。大きな余震がきて、情報を伝えるアナウンサーが、「落ち着いて行動してください。危ない建物の中などには入らないように」と、自分も揺れるスタジオの中で言っている。テレビを観ているだけの私が、「落ち着いてって言われても無理だわ」などと言っていた。こういうとき、冷静にといわれても難しいものだと思った。

（※）新潟県中越地震は２００４年10月23日17時56分、新潟県中越地方を震源として発生。M６・８、震源の深さ13kmの直下型地震だった

「トシだから」と甘えず

（2004年12月19日）

夫の残した勉強会を続けて二十年が過ぎた。この会では毎月当番の会員が自分の勉強したことを発表して、他の会員に聞いてもらい、批評や感想などを語ってもらう。

十二月は私の当番で、久しぶりで猛勉強した。テーマは民俗学者であった故瀬川清子先生の仕事についてで、私は瀬川先生の本からたくさんのことを学んだからだ。瀬川先生は柳田国男先生の影響を受けて民俗学への道に入られ、長年、地味な研究を続けられた方だ。日本のしきたりの中に生きた「女のくらし」をこれほど細かく、温かく見つめた人がいただろうかと、私は、いつも先生の著書から、勉強をする態度ということを教えられてきた。

受験勉強でもするように、机に本を積み上げての勉強になったのは、もとはといえば私のもの忘れからであった。発表は前から決まっていることなので、今回は前からテーマをきめてあった。その資料も早くから、ぼつぼつ集めていた。発表の日が近づいてきたのでそのまとめをしようとしたら、資料が、置いたつもりのところから消えていた。片付けもののとき、どこかへ動かして大切にしまったのだと思うが、それがどうしても見つからず、広くもない家の中を探し回った末に、そのテーマは次に、と思って別テーマに決めた。その忘れは年齢による衰えだと素直にみとめるが、しかし、もうトシだからとあきらめてしまえばそこで終わってしまう。トシだからと自分を甘やかすのは楽だが、それは老醜につながるように思う。

久しぶりに、本を積み上げた机に一日中座って、いっしょうけんめいになった数日を、私はこの上なくいい日々だったと思った。

病気にはこちらからサヨナラ

（２００５年12月18日）

風邪をひいたかしらと、熱くしたミルクセーキを飲んで寝てしまった。一緒に、軽いうちに飲むようにと、製薬会社の人からもらっている風邪薬も飲んだら、気持ちよく目覚めた。朝はすっかりのどの痛みを忘れていて、風邪よサヨナラという気持ちだった。

肺炎の予防注射は半年前に、インフルエンザのワクチン注射もすませていると安心して、ちょっとした寒さへの備えを忘れていた。だめだなあと反省しながら、そのとき、ふっと姑《しゅうとめ》の言葉を思いだした。

まだ家族みんなが元気で暮らしていたころのことだが、私の夫を育ててくれたイギリス人のナースが、死別したカナダ人の夫の残してくれた大きな家に住んでいて、一人息子は別居しているし、カナダへ遊びに来ないかと手紙が来た。姑は外国旅行が好きだったし、昔を知っている人からの誘いに、すぐのって夫や私も一緒にと言った。しかし夫は行かないという。私は、たまたま乳がんの疑いで、ちょっとした手術だったが、疑いのあるところを切っていた。傷口がうまくふさがらず、お風呂も気をつけなければならない状態だったが、三カ月に一度は検査を、といわれていた。

姑はさっさと支度をはじめ、私もつられてその気になり、バタバタと身辺を整え、いよいよ飛行機に乗ったとき、姑は言った。

「これで乳がんも忘れられるわ。切ってもがんは見つからなかったのだから、病気にはこっちからサヨナラしなければ」

姑が出発を急いだ意味を知り、私も、「はいはい、乳がんはやめました」と姑の手を握った。

風邪ひきにサヨナラしたと思ったとき、こんな姑の温かさを思いだした。

女の関心はこれだけかしら

（2006年5月7日）

年に五回か六回ほどしか行かないが、行きつけの美容院から二カ月おきくらいに、そろそろカットの時期だとはがきがくる。

私の家からゆっくり歩いても五分とかからない裏通りにある、青年が一人でやっている小さな美容院だ。サンダルばきで行かれて相客もない気楽さのため、もう何年も私はそこに通っている。

その美容院では、家にはない女性週刊誌や他の雑誌類も見られる。誌名は私も知っている女性向け雑誌だ。読むと言うより、あれこれ見たくてページをめくると、どの雑誌もエステやダイエット、化粧品や美しくなるための食べものとか、女性の財布を開けさせるには「これに限る」というように写真も記事も詰め込まれている。

中高年向けと見える雑誌には、いつまでも若くという化粧品、栄養食品だの白髪染め、関節の痛みを防ぐ薬やサポーター、そのほか旅行、食べ歩き情報等々、お楽しみの勧めなどで何より写真が美しく気を引く効果がある。

いま、女性の関心はこれなのだといわれているようだ。そう思って雑誌のページをめくっているうちに、女性たちの歯は真っ白でなければならず、顔にはシミもシワもない女優肌というのが理想で、化粧も美しくし、一流ブランド品を身につけて歩くにふさわしい体型を維持していないと、女として堂々としてはいられないような気にさせられる。それで話題は相変わらず芸能人をはじめ有名人の結婚、離婚、浮気などのうわさ話。

別に新しいことでもないし、だれもが感じていることだろうことだが、ときにはそういう世相を、あらためてこれでいいのかと見据えてみることも必要だと思う。

古い書類の中から

（２００７年3月15日）

折に触れて家の中を整理しているが、古い書類を入れた引き出しをひとつ、今日は片付けておこうとベランダに持ち出してほこりを払っていたら、赤茶けた原稿用紙が二枚、ひらりと落ちた。夫の書き損じのものらしかった。

見ると「新潟遠望」と書いてあり、書き出しの二枚でやめて、また別に書いたのであろう。二十数年前まで十八年間、日報に連載させてもらっていた、東京から新潟を見て感じたことを書いていたものだった。

——毎日、新潟日報を読むときは、青と赤のボールペン一本ずつとハサミをそばにおいている。心おぼえのためのサイドラインを引くのは青、余白に心おぼえを書き込むのは赤、日付だけ書き込むことも多い。記事は裏にも表にも印刷されているので、一日分すっかり見終えてから切り抜きをする。日報のばあいは、この切り抜きを、永久保存用と新潟遠望用とに分ける――

こんなことが書いてあった。その原稿は、自分がどうも書類や新聞、雑誌、メモなどの資料整理がうまくできないで、何十年も苦労してきているのに、まだ分からないと書いているのであった。しかも、そういう資料は毎日増えていく。死蔵しているだけでは意味がないのは分かっているが、いつか必要になるかもしれないという気持ちで保存し、整理のための道具を買い込んでいるが、使いこなせないのだとも書いている。

夫の買い込んだ道具類は、必要な人に使ってもらったが、この原稿の中に、亡夫が「新潟遠望」を、どれほど丁寧に書いていたかを感じて、書き残しておいてやりたい、という気持ちになった。

夫にとって新潟は、故郷のような思いがあったようだった。

家族から離された

（2008年5月8日）

「後期高齢者医療制度（※）というのは、家族が引き離されるような思いを持たせる、わびしい制度なんですね。心の痛みというものを考えていない制度だと思いました」

いつも私の本を読んでくれていると手紙をいただく方から、こんな第一声の電話があった。よく聞いてみると「新しい保険証をふと見たら、私の名前だけがないんです。私だけが家族ではなくなっているんですよ」とのこと。私もはっとした。後期高齢者は家族から外されるという思いも持つものなのだと気が付いたからだった。

その人は、夫婦で支え合って家業を守ってきたが、今は長男に譲っているという。健康保険も長男の扶養家族になり、平和な生活をしているのだが、今回の制度変更で、家族みんなの名前が並んだ保険証から自分の名だけが消えていることに、理由は分かっていてもショックを受けたというのだ。夫より年上だということで一人だけ別の保険証を持つことを素直に受け入れることができないという。

自分にそういう経験がないと分からないものだ。家族みんなの保険証から、突然名前を消されるということにも、いろいろな受け止め方があろう。お金のことだけが問題ではなく、長年支え合ってきた夫婦や、親子の間のきずながぷつんと切られたような思いでショックを受ける人もいるだろう。そして、あるさびしさを味わう、ということもあろう。

そんな情緒的なことにまでつきあえるかと、この制度を考えた人たちはいうかもしれない。しかし私は、そういう、きめこまかさのない机上の計算だから、これをいい制度と受けとめられない人が多いのだと思う。

（※）2008年4月に創設された制度。当時、多くの高齢者の反発を招いた

いたずら

（2009年2月5日）

朝、メダカのかめに氷が張っているのを見て、外に出ようとしたらベランダのサンダルが見当たらない。

「また、いたずらしたな」

と、私は別のサンダルを履いて庭を捜した。物置の前に片方が、井戸水をあげているポンプのわきに、もう片方が隠すように置いてあった。

このごろよく、夜中に何ものかがこういういたずらをする。犬はどこの家でも外に出さないだろうし、猫はわが家の庭を昼寝の場所としているようだが、こういういたずらをしたことがない。小鳥たちにはとてもくわえられない重さのサンダルだからと、あれこれ考えた結果、やっぱりタヌキに違いないと私は思った。

どこにすんでいるのかわからないが、先日乗ったタクシーの運転手さんに、うち

の庭にはときどき白昼タヌキが現れるが、どこにすんでいるのかわからないと話したら、

「近所にお寺はない？　お寺にはお供物があるから、タヌキがよくすみつくよ」

と言った。確かに、百《メートル》も離れていないところに墓地のあるお寺さんがある。それも二軒。どこにすんでいてもいいが、いたずらが過ぎたら困ると思い、やめさせる方法がないかしらと考えた。

まるで、童話の世界にでも入ったような気持ちになり、よし今夜はサンダルにコショウをふりかけておこうと思った。タヌキがクシャミをしてびっくりするかもしれない。そうしたら、いたずらをしなくなるだろう、と本気で思った。が、さて、タヌキもクシャミをするのだろうかと、そんなことを考える自分がおかしくなった。でも、タヌキのクシャミもきいてみたい。

東京・杉並区での、ある朝の話である。

6

二〇一〇年代

平成22年～

ささやかなぜいたく

（2010年5月27日）

「うなぎが食べたいな」と数日前から思っていたのでめいを誘ったら、「おばちゃん、今日は木曜だからお休みだよ」といわれた。そうだったと思い出し、翌日一緒に行く約束をした。その店の近くに亡くなった妹が住んでいたので、妹の家に行くとよく出前を頼んでいたうなぎ屋さんだ。妹の娘であるめいもよく一緒に食べたので、私がうなぎといえばその店に行くものだと知っている。

古い店で、ごく普通のうなぎ屋さんだが、おいしい店という評判は高い。土用の丑《うし》の日には、あえて店を休む。仕事が雑になるからだときいたが、近くなので私も何十年かその店のうなぎを食べてきた。おいしいと思うから。

生前の有吉佐和子さんをお見かけしたこともあったが、有吉さんのお宅も、その店の出前の範囲であったように思う。

めいとの約束の時間を見計らって家を出ようとしていると、近くに住む友人がきた。買い物に出たので私のためにバナナを買ってくれたそうだ。留守だったら、よその人がわからない場所に置いて帰るつもりだったそうだ。めいもよく知っている人だし、うなぎを食べに行くのだと誘って一緒に出かけた。

私はてんぷら、トンカツ、にぎりずし、うなぎは専門店で食べることにしている。ふだんの食事は自分で作って食べているがそれはそれで楽しい。でも、たまには人にサービスしてもらって、できたてをすぐに食べるおいしさを楽しみたい。後片付けなし、もうれしい。「九十二歳でまだ働いているのだもの。このくらいのぜいたくは、かわいいものでしょ」と思っている。初めてその店のうな重を食べた友人も、おいしかったと喜んでくれた。

桜の一枝

（2011年5月12日）

あの大災害（※）から、ちょうど一カ月という日の夕方、ニュースの時間だと思ってテレビをつけた。被災地の夜の警備をするという数人の男性たちが、青いビニールシートで囲った小屋のようなところでたき火をしている場面が映った。

どこのテレビ局か被災地も分からなかったが、アナウンサーが男性の一人に声を掛けていた。このごろ低音が聞きにくい私は、その会話を聞こうとして、画面を見ながらボリューム調節をしていた。そのとき、画面の隅に思いがけないものを私は見つけた。何かの空き瓶に、桜の枝が挿してあったのだ。

本当に桜かしらと、話を聞くのも忘れてじっと画面を見続けていたが、桜の一枝が空き瓶に挿してあるのを確かめた。

アナウンサーと男性の会話はしっかり聞こえているのだが、私は全く聞いていなかった。ただ桜を見ていた。どうしてか、涙が出て止まらなくて、私はその桜を見続けていた。説明できないのだが、ずっと見つめていたら、じわじわと涙が出てきて、どうしようもなかった。

屋根もない、ただ風をよける囲いだけの中に、何かの空き箱にのせた空き瓶に、大切な水を入れて桜の一枝を挿した人は、どんな人なのだろう。多分、そこに集まる男性たちの誰かなのであろうが、津波に耐えて咲いた桜なのか、あるいは高い場所に咲いた桜か、とにかく、それを一枝折ってきて誰かに見せようとしたのだろうか、と私にはいろいろなことが思い浮かぶ。

こんなに厳しい被災生活の中でも、一枝の花を大切に身近に置く男性たち。さまざまなことが頭の中に浮かんでは消えた。涙の意味は自分にも分からなかったが、感動の一時だった。

（※）２０１１年3月11日に発生した東日本大震災

いりどり

（２０１２年12月13日）

いりどりが食べたくなって、バスに乗り、駅近くにある行きつけの鶏肉専門店に行った。ご夫婦だけでやっている小さな店で、突然休んでしまったり、夏などずっと休んでいることもあって、がっかりすることもある。が、あずまどりという名の鶏肉がおいしいので、私はずっとその店で買っている。夫がまだ元気なころ、よく行っていた飲み屋のママに教えてもらった店で、肉質がパサパサしないので私はおいしいと思っている。お雑煮のだし用にガラを買いに行くと、行列ができていてびっくりしたこともある。こういう店があるのはうれしいことだ。

いりどりが食べたくなったのは、たまたま雑誌で正月料理としていりどりの写真を見たからだ。うちの台所にはニンジン、ゴボウ、里芋、シイタケなどもあり、鶏肉とコンニャク、サヤエンドウが少しあれば、と思ったのだ。そういえばギンナンも少しある。

胸肉一枚を買い、家に帰ると早速料理にとりかかった。いりどりはふだんのおかずとしてよく作っていたが、ある程度の量が必要なこういう料理は、家族がいないと作りにくい。一人前のいりどりなんておいしくないだろう。それと、ゴボウやハスなどは、歯ごたえもおいしさのうちだから、ちょっとした切り方の工夫も今の私には大事だ。シイタケだって干しシイタケのほうが味も香りもあるけれど、生シイタケの厚みのあるのを使うとか、全て自分流だ。

でも、人に作ってもらうのでは、今の自分がおいしく食べるための工夫は伝えづらいだろうし、その料理の本来の作り方からは、外れていることもある。だから私は、自分の食べたいものを作るために台所に立ちたい。

ちぎり餅

（２０１３年12月19日）

いつだったか、何かの雑誌で「ちぎり餅」という題名の随筆を読んだ。筆者は与謝野道子さん。文章の中に「義母与謝野晶子が」とあったので、一度で名前を覚えてしまったし、その内容も覚えたのだった。

その与謝野さんのお宅に来た若いお手伝いの娘さんが、ある日、自分の育った家では一日に一度はちぎり餅を食べていたので、毎日三度のお米のご飯が食べられるのはうれしいけれど、ちぎり餅が食べたくなったので作ってもいいだろうかと言ったのだそうだ。そしてその娘さんが作ったのはすいとんだったという。それを読んで私は、すいとんより、ちぎり餅の方がいい名だと思ったのを覚えている。

「すいとん」は戦争に明け暮れていた日本人の暮らしを思い出させるからでもあるのだろう。私も空襲におびえながら食べたすいとんの味を忘れていない。だしにするものもなく、塩と少しのみそを混ぜた汁に、庭のハコベなんかを浮かせて、配給のトウモロコシ粉やコーリャンの粉を混ぜて、練ったものを入れたすいとんは、飢えないためだけに食べた。

この頃、ニュースを見聞きするたびに、あんな時代が二度と来ませんようにと祈りたくなる。

夕方になると急に冷えてくるこの頃、今夜は何を食べようかと思っていたとき、なぜか、ずいぶん前に読んだその随筆を思い出し、冷凍庫や冷蔵庫からいろいろ食材を出して私流「ちぎり餅」を作った。小麦粉は牛乳で練り、鶏肉、ニンジン、ゴボウ、コンニャクを入れ、庭の春菊をたっぷり加え、へぎユズを浮かした。とくにぜいたくとはいえないが、それを食べながら、戦争中の食事は餌だったと思った。

冬至

（２０１４年12月25日）

冬至には、カボチャを食べてユズ湯に入り、これからの冬本番に風邪をひかずに過ごせるようにと願う。予防接種もなかった頃には、これも暮らしの知恵だったのだろう。でも、これは決して非科学的なこととはいえず、カボチャはビタミンＣやカロテンもたっぷり含んでいる食品だし、ユズの香りに包まれたお風呂でリラックスするのはすてきな休息だ。果汁と皮を使い、蜂蜜で甘みをつけた熱い飲み物は、体を温めてもくれる。

私は昔から生活の中の知恵といわれるようなものの中にある、工夫された行事とか食べ物を味わってみるのが好きだから、カボチャも煮るしユズ湯もたてる。

でも、私には冬至は大仕事の日でもある。ゆべし作りを、もう四十年ほど続けてきた。冬至に作り、立春ができあがりの目安の日だが、大部分はお日さままかせというところだ。ユズ釜を作り、八丁みそを詰め、蒸して風干しにし、寒の風にさらして程よく乾かすため、てるてる坊主のように和紙に包んで軒下につり下げておく。一日ではできない仕事で、冬至はゆべし作りに取りかかる日なのだ。お天気の具合で、みそがなかなか乾かないときもあり、三月近くまで干す年もある。

私の大切にしてきたこの行事も、硬い八丁みそを酒やみりんで緩めるための練るという作業ができなくなり、若い人に肩代わりしてもらっている。蒸したり、運んだりも、大部分は人頼みだが、でも、こういう年中行事は自分の暮らしの「あかし」のようなもの。続けることに意味があると思っているだけのこと。

年が明ければすぐ九十七歳の私。そんなのウソと言いたいくらい、気持ちだけは元気だ。

元気をいただいて

（2015年4月2日）

九十七歳まで病気をしなかった私が、初めてお医者さんのいうことを聞いて、ここ二カ月、静かに過ごしてきた。というより、何かしようという気力が全く出ず、自分ながら体が自由にならなかった。食いしん坊の自分が食べることさえどうでもよくなった。仕事はすべてお断りした。ただ、長年の私の支えである日報の原稿だけはと思っても、考える力がない情けなさで、休ませていただいた。

どうしたのかと、おなじみになっている読者の方からのお便りやお見舞いをいただき、お礼状も書けない無力さに、気持ちは沈むばかりでいた。でも、読者のみなさまとの気持ちのつながりの深さを感じて感謝していた。先日は「日報抄」でも身に余るお言葉をいただき、こうしてはいられないという気持ちになり、涙の顔を洗って机に向かった。

今年は足も心もとなく、歩いてわが家の庭のささやかな早春を見つけることが出来なかった。が、いま台所の窓から見えるのは「春らんまん」といっていい風景。しかも、食べておいしかったので種を二個埋めておいた私の得意技が、二メートルほどのアンズの木になって、今年初めて二本の木いっぱいにピンクの花を咲かせてくれた。また地面には、消えたと思っていたハナダイコンが、紫の花を咲かせてくれている。

お正月過ぎに草刈りをしてもらったので、むき出しの土が風に舞い上がるのが気になっていた。が、今はスイセン、スノーフレーク、ハナニラ、オドリコソウやハコベなどなど、思い思いに陣取って土は見えない。勝手に生えてきた数本のサンショウも、もうおいしそうだし、みんな一生懸命生きている。

私も、年相応の衰えと静かにつきあっていこう。

遅すぎた気づき

（２０１６年２月25日）

このところ一週間か十日の予定で入院し、胸水をとってもらったり、貧血の対応をしてもらったりと、三カ月おきくらいに繰り返している。通院も可能といわれたが、一人暮らしなので入院の方が気が楽なのだ。

それにしても、生まれてから約一〇〇年、一時も休まず、一言も苦情を言わず、何とよく働いてくれたことかと、あらためて気づき、私の内臓さんたちに何とお礼を言ったらいいのかと気づかされた。

「ありがとう、さぞくたびれたのでしょうね」

と、いたわりの言葉をかけたくなった。私は病気の経験がなかった。

幸いに脳も健康だったから、自分の力以上のものを望まず、きわめて平穏に生きてきた。全て健やかに、体の機能が働いてくれたからだと、初めて気づいた。

何といい気になって暮らしていたのかと、病院通いをしてみてやっとわかったのだ。私の暮らしの全てを支えてくれた体に、「ありがとう」とねぎらいの言葉をかけ、体ませてあげなければと気がついた。

「いつ、もう疲れたと言って仕事を投げ出されても文句は言いません。ただ感謝あるのみです」

という気持ちで、自分の持ち時間を今一生懸命で暮らしている。

体が元気で働いてくれたお陰で、私はいつもご機嫌で生きてきた。よく働き、よく学んだ若い日は、ちょっとくらい無理しても、一晩よく眠ればすぐ元気になった。

あの戦争のさなか、食べるものもなく、自分で野菜作りに挑戦したり、空襲で夜も昼もなく、身を守るために緊張していた、深い心身の疲れにも、黙って耐えてくれた体…。それを、いたわることもなかった自分を、反省したり、丈夫だった体に感謝している。

わが家にも犬がいた

（2016年9月29日）

少しずつ古い雑誌の整理をしておかなければと、書棚を見たら「ポチとタマ」という一冊を見つけた。もちろん、犬と猫に関する雑誌だが、平成五（一九九三）年に発行されたもの。犬好きの私は、こういう本や雑誌をよく買っていた。数冊が残っていたのを見ながら、なぜ犬はポチ、猫はタマという名がよくつけられたのかしらと考えたら面白くなって調べてみたいと思った。が、今の私には本を探したりする体力がないので、しばらくお預けとする。

あの、内田百閒先生も、愛猫にタマと名付けていらっしゃったという人がいたが、私の記憶では野良猫の「ノラ」だったように思う。夜中でも、猫の姿が見えないと、「ノラや」と叫びながら近所を探し回られたとか。

私はどちらかといえば犬が好きなので、いっしょに暮らしたのは犬だった。はじめて親類からてのひらにのるほどの子犬をもらい、牛乳で育てた。名前を何とつけようかしらと思っていたとき、お向かいの谷川徹三先生の奥様が、「モリって名にしたらどう」とすすめて下さった。わが家のモリの友だちには、やがて谷川家に迷い込んですみ着いたゴローがいて、二匹はよくじゃれていた。まだ鎖につないでおかなくともいい時代で、オス犬同士だったが本当に仲良しだった。

ある夜、消防自動車の音に目を覚ました私は、私のベッド脇にいたモリが、外に出してくれとしきりにガラス戸をたたいているのに気づいた。戸を開けると外にゴローがきていて、二匹は猛烈な勢いで走って行った。「犬たち、火事を見に行ったのかしら」とつぶやいたら、夫も目を覚まし、犬たちの走り去った方向を見ていた私に「バカ」と言ってまた眠ってしまった。

眠れない理由は

（２０１６年10月27日）

眠いのに寝付けないベッドの中で、どうして今夜は眠れないのかと考えていた。そうかと思い当たったのは、テレビで見た北朝鮮の軍備を見せつける爆弾の打ち上げ風景のためだったようだ。

北朝鮮の勝手な新型爆撃弾の打ち上げなど、なぜ世界の国々は黙って見ているのだろうかと思う。反面、国民に貧しい暮らしをさせておいて、なぜ莫大《ばくだい》なお金を使って新型爆弾などに熱中する若い首長を許しているのか、映像を見ながら考えていたら、突然、かつての日本のことが思い出された。

何も知らされていなかった私たちは、なぜ戦争が起きたのか、よく理解できないうちに、勝った勝ったとちょうちん行列などを見るようになり、そのうち、食べ物がなくなり、空襲下のすべてが不自由な生活になった。愛する人を、あるいは一家の働き手を「万歳」といって戦場に送り出した私たちだった。何のために、などとは言っていられず、何かが攻めてくるのが怖かった。

もしかしたら、北朝鮮の人民たちは、何かが攻めてくることを恐れ、たとえ生活は貧しくとも、外敵から自分たちを守ってくれると信じている人のすることを、見ているのかもしれない。

そんなことを考えながら見ていたテレビが、私の眠りを邪魔しているのかと、ばかばかしい思いにもなった。が、でも、考え直した。私たちの国だって、軍備という名のお金をどれだけ使っていることか。もう戦争はしない国になったはずの日本が、それを誓った憲法を変えようとしている。

世界の国々でも戦争の無残さを知らない世代の政治家がトップに立っているのが怖い。

吉沢 久子（よしざわ ひさこ）

1918年（大正７年）、東京都生まれ。文化学院卒。まだ働く女性が珍しかった時代に、15歳から仕事を始め、事務員、速記者、秘書などを経て、文芸評論家・古谷綱武氏と結婚。家庭を支える一方で、生活者の目線で考える生活評論家として、食文化や家庭生活などについて、長年にわたり執筆や講演、テレビ・ラジオを通じて活躍。ライフワークである女性の暮らしと家事についての連載「家事レポート」（新潟日報）は、1967年のスタートから50年を迎えた。66歳からのひとり暮らしは30年以上となり、近年は老年世代の生き方・シニアライフについての著書を次々と発表、多くの共感を得ている。著書多数。

家《か》事《じ》レポート　50年《ねん》

2017（平成29）年11月29日　初版第１刷発行
著　者　吉沢久子
発行者　鈴木聖二
発行所　株式会社 新潟日報事業社
〒950-8546　新潟市中央区万代３－１－１
メディアシップ14階
TEL 025-383-8020　FAX 025-383-8028
http://www.nnj-net.co.jp
印　刷　株式会社 第一印刷所

定価はカバーに表示してあります。
落丁・乱丁本はお取り替えいたします。
ISBN978-4-86132-670-7